JN220986

大東流合気武術

佐川幸義　神業の合気

力を超える奇跡の技法
〝合気〟への道標

『月刊秘伝』編集部・編

BAB JAPAN

まえがき

このたび『秘伝』誌に載った佐川幸義先生に関するいくつかの記事を合本にして単行本として出版することになりました。

『秘伝』は月刊誌なので発売された月に買わないと手に入れることは難しくなってしまいます。そこでこのように単行本としてまとめて出版することは入手困難な昔の記事も読むことが出来て大変意義あることだと思います。その上、今回はご子息の佐川敬行様から佐川先生の若き日の貴重な写真を提供していただくことが出来ました。

私は松田隆智氏の著書で佐川先生のことを知り、佐川先生が76歳のときに入門しました。そこには私と同い年の小原良雄さんと高橋賢さんがいましたが、お二人の記事もこの本に出ていてうれしく思います。そのとき小原さんは佐川先生のもとで10年、私は合気道を15年やっていましたが、小原さんに簡単に倒されてびっくりしました。その小原さんが佐川先生に簡単に投げられているのを見て信じがたい気持ちでした。その後佐川先生に教えていただいた鍛錬を続けていたら5年ほどしたらどの先輩にもやられなくなりました。と言っても私も先輩を倒すことが出来ず、お互いに技が効かなくなったということなのですが、佐川先生にはどう頑張ろうと何しようとあっという間に軽く倒されてしまうのです。

こうなって初めて佐川先生には我々と本質的に異なる何かがあるということをはっきり感じるように

なりました。その何かを佐川先生は、合気、と呼んでおられました。しかも佐川先生は亡くなられるまでその合気を発展させ続けておりました。佐川先生が95歳になったある日のこと、先生は紺色の背広を着て正装して道場に出て来られて、私を3回すさまじい勢いで道場にたたきつけました。その時はどうしても受け身がとれず頭から畳に突っ込んでしまいました。受け身がとれないことは有り得ないことで本当に驚きました。

何かを命がけで伝えようとされているように感じましたが、余りにすごい迫力だったので翌日亡くなられたという報を受け取ったときはまさかと驚きました。

佐川先生に関する本で『透明な力』という本がありますが、これは私が書いた原稿を佐川先生が丁寧に読んで加筆訂正されたもので、実質的に佐川先生が書かれた唯一の本です。現在、講談社（17刷）、文春文庫（初版）、英訳本（Transparent Power, MAAT Press、アメリカ）の3種類が出ていますので読んでいただければ幸いです。

この本が出版されて丁度3年目に佐川先生は亡くなられましたが、その間に318名が入門しました。佐川道場は30畳ですから、大変な状態だったことが想像できると思います。

『透明な力』が出版されて20年目の今年、この合本が出版されることをお喜び申し上げます。

平成27年2月吉日

佐川道場　木村達雄　記

佐川幸義宗範の御子息

佐川敬行氏インタビュー

聞き手◎木村達雄

佐川幸義先生の次男である佐川敬行様は昭和6年生まれでお身体が不自由なので稽古はされていませんが、この本が出版されるのを機にお話しを伺うことが出来ました。

木村　武田惣角先生にお会いしたことがありますか？

佐川敬行　5歳の頃、北海道の自宅で風呂からあがって台所に来た武田先生と会いました。とても小柄なおじいさんで優しい人でしたよ。着物を着て袴をはいていました。話し出したら良く話す先生でした。

木村　佐川先生の鍛錬をご覧になったことはありますか？

佐川敬行　庭で毎日、鍛錬をしていました。時間は日によって違うけれども3時間くらいですね。力は入れてなく、軽い柔らかい動きでした。合気の動きや足の鍛錬、体捌きなどをしていました。日本刀や木刀も振っていました。でも棒の練習が一番多かったです。部屋では体操みたいな運動をしていました。

木村　佐川先生はどんなお父様でしたか？

佐川敬行　とても優しい穏やかな父でした。私は一度も父から叱られたことがありません。小さい頃は良く紙相撲で遊んでもらいました。私は将棋や碁や読書が好きでしたので、父に将棋を教えましたが、父は碁はやりませんでした。母が亡くなったあと父が良く食事を作ってくれましたが、何を食べても味付けが上手で美味しかったですよ。

木村　本日はどうも有難うございました。

（平成27年2月9日収録）

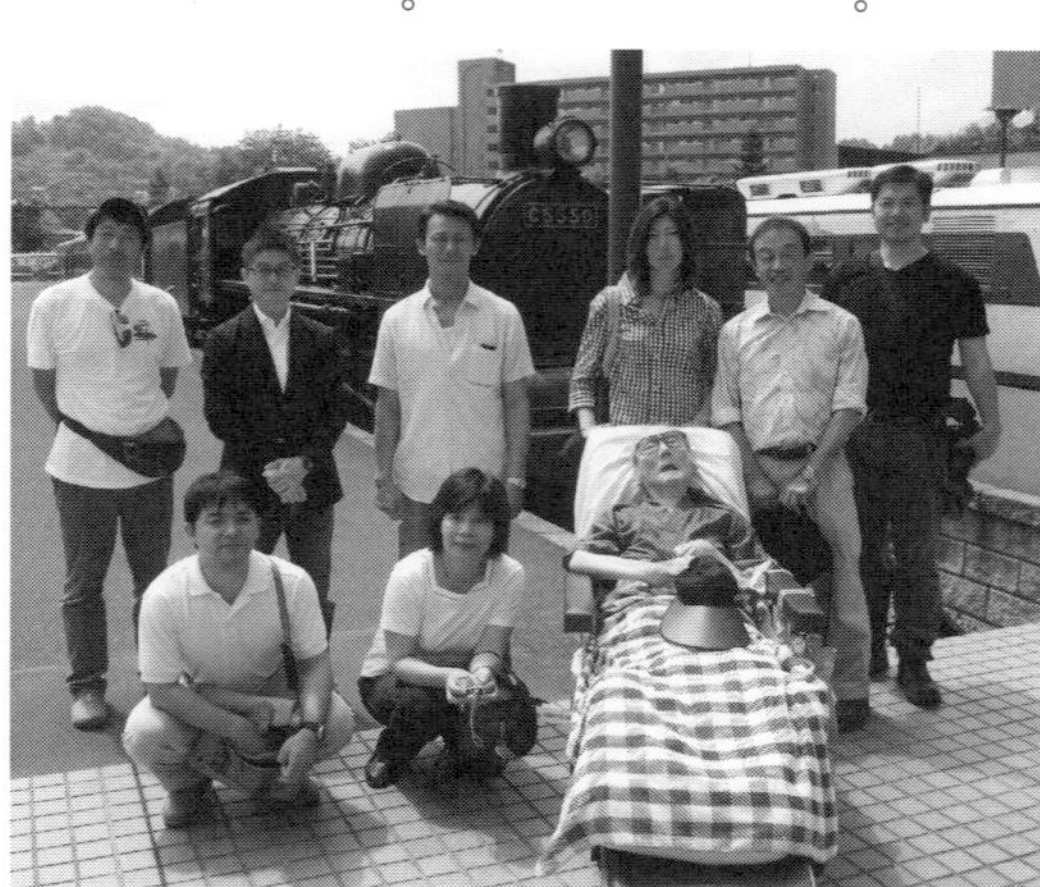

佐川道場の門人たちと北海道旅行をした時の一枚（平成26年7月）

第1章
伝説の武人 佐川幸義宗範

写真：佐川敬行氏提供

日本武術の大遺産

佐川幸義宗範のすべて

文◎吉峯康雄

武術の本質を指し示す生き様 修業一貫に徹した人生

去る三月二十四日、大東流の佐川幸義宗範が九十五歳で亡くなられたという報せを耳にした時、筆者としては惜しい人を亡くしたという気持ち以上に、一種の恐怖を感じた。というのも、大東流に於いて一つの時代が終わったということに止まらず、日本の伝統武術の終焉を暗示させるような事件とも思えたからである。人は棺桶を覆った時に初めて値打ちがわかるというが、おそらくもう日本の武術は、これほど傑出した武術家を生み出すことは二度と出来なくなっているのではないだろうか。

これは筆者が密かに恐れていたことではあるのだが、佐川宗範の逝去によって、いよいよ現実となってしまった感がある。近年になって破竹の勢いで普及していった今日の大東流も、真摯に武術性を追求する師範も確かに存在する一方で、あたかも遊戯や娯楽と同一視する人や、技の反復を惰性で行っている人を多く見かけるようになったのは残念な気がする。大東流の普及とは裏腹に、武術として何か根本的な部分が見失われてきて、大変に礼を失した言葉ながら、あたかも片肺飛行をしている飛行機のような印象を受けることが多いのは果たして筆者の偏見のなせる技だろうか。一般に武道の技のレベルは層の厚さに比例すると言われているが、大東流に関する限り、それは当たっていないように思われる。

佐川宗範が他の古武道家と最も異なっている点は、自分を鍛え上げることに最後まで凝り固まっていたことであり、生涯を修業一貫に徹してきたことである。いや、強いてそのように生きようとしてきたのかもしれない。この飽食暖衣の時代に、武術までもが軽佻浮薄な思考に骨抜きにされることに対して、最後まで抵抗しようとしていたのかもしれないのである。古今東西、大東流の師範多しといえども、佐川宗範ほど自己鍛練と研鑽を積んだ人はまずいないといっていいだろう。

木村師範の著した『透明な力』（講談社刊）によれば、佐川宗範は次のように言っている。

「どんな段階に達しても、これで完成ということはない。だから、どんな時でも決してそれでよしとしないことが大切だ。また大家のつもりになってはいけない。そう思った途端に進歩が止まってしまうのだ。私は決して同じ所に停まらない。どんどん自分で発展させてゆく。常に変わり続けている。技は私の命だ」

確かに武術に限らず、学問や芸術の世界でも傑物になればなるほど、このように絶えず自分に厳しい姿勢を必ず持っているものである。人の常として、人に教える立場になったり、周囲からもてはやされたりするとえてして普通の神経を維持できなくなってしまうものである。卑近な例で恐縮だが、これは我々のような研究者でも同様で、人様から先生と呼ばれ、広告や活字で自分の名前が大きく出たりなどすれば、自分がさも偉い人物になったように錯覚してしまいがちである。そうしたことを合わせて考えると、佐川宗範の言葉はまさしくしかりと思う。

我と我が身を持って可能性を追求

この他にも同書では佐川宗範が大東流をはじめ、武術全般について語った言葉が数多く記載されているが、そのどれもがまことに覇気と示唆に富んだものであり、得るところは多大なものがある。

「柔術を形としてやるのが一番悪い。実際に使い物にならなくなってしまう。変化が大事なのだ。私のところのやりかたはそうだ。一つの代表として形を教えても、臨機応変に変化する。（中略）とにかく殴り合いで役に立たない合気じゃしょうがないからといろいろ工夫した。ボクシングに対しても研究した。相手がどんなに早く続けざまに打ってきても体捌きでかわせるくらいにしてしまう。

みんなの考え違いは昔のものは良いものとして、その真似さえしていれば良いとすることだ。大東流にしても、その頃は空手とかボクシングとかはなかったから、それに対する手はなかったが、今はそれに対して工夫しなければならないでしょう。古いものの良いところは守らなければならないが、悪いところは捨てて自分のものを作っていかなければ進歩発展はないでしょう。自分で工夫していかなければ本当にいいものは出てこないし、人以上になりたければ、人以上の何倍もの努力が必要なのだ。人と同じ事をやっていて人以上になれるわけがない」

佐川宗範が無数に実戦を経験して負け知らずだったことや、独自に他流派破りの技術を研究していたことは生前から朧気ながら耳にしてはいたが、それが具体的にどのようなものだったかは今となっては知るよすがはない。しかしそんなことよりも、最後の最後まで我と我が身をもって大東流の武術としての可能性を切り開こうとした佐川宗範の態度こそ、今の大東流にはなくてはならないものだったと言えよう。一部ではさかしらにも、大東流は支配者が無抵抗の被支配者を痛めつけるための技だとか、武術にあらざる旦那芸だとか言うところもあるらしいが、そんな話を聞くにつけ、人間とは良くも悪くも、生涯自分の定めた方向性に支配されるものなのだとつくづく思う。今日の大東流に佐川宗範に匹敵する実力者を求めることは、もはや木に登って魚を求めるにも等しいのかもしれないが、それは是非もないとしても、門外漢ならいざ知らず、いやしくも大東流を指導する立場の人が、自分の流派を矮小化するような発言をするのはいかがなものだろうか。

武士を彷彿とさせる姿勢

武術家の風格や気迫は何処から生じてくるものだろうか。それは、自分が誰かに倒される、敗れる、そのことによって武術家としての自己が否定される危険性を想定するか否か。そしてその危険性からは後ろ向きにならず、対峙する姿勢があるか否かが分岐点になっているのではないかと思うのである。もちろん我々にとっては自由社会は毎日が実戦であると言える。そしてその戦いはすでに子供の時から始まっている。勝てば成功者になれるし、負ければ妻子に惨めな思いをさせ、自分は更に惨めな落伍者になる。しかしそれとは別に、武術家という生き方の延長線上において、欲すると欲せざるとにかかわらず、自分自身が実力的に否定される局面に遭遇する危険を考えるか否かによって、武術に対する取り組み方が根本的に異なってくるものである。

うそかまことか、晩年の武田惣角翁は外出する時は脇指と鉄製の杖を常時携行し、寝る時でさえ布団の中に短刀を忍ばせていたという。当時は流儀の門戸を張ることは命を的にするにも等しかったから、それくらいの覚悟が必要だったのだろう。隣の中国でも、かつて形意拳を使っては四隣に並ぶ者なき名手と言われた孫禄堂（そんろくどう）（惣角とほぼ同世

■ 佐川幸義宗範の年譜

年	年齢	
明治35		7月3日、佐川子之吉の長男として北海道湧別に生まれる。
44	9	佐々木亮吉に小野派一刀流を学ぶ。 さらに富田喜三郎に甲源一刀流を学び、後に免許を受ける。
45	10	武田惣角と出会う。当初は剣術の地稽古を中心に行う。
大正3	12	惣角に正式入門。本格的に大東流を学ぶ。
9	18	上京、大正12年まで渋谷に下宿。大東流の教伝を開始する。
昭和3	26	川原美代子と結婚。
7	30	惣角より教授代理を許される。
11	34	惣角の巡回指導に助手として同行。 仙台、福島、大宮、浦和の各地にて講習会を開き、東京の日日新聞社にて指導
15	38	東京の中野に転居。道場を開く。
16	39	福島県柳津温泉にて倒れた惣角のもとへ時宗前宗家、宗清、静香らと駆けつける。
18	41	4月25日、青森にて惣角死去。享年86歳。
23	46	北海道遠軽、北見、札幌、岩見沢、夕張等の各地の警察署や警察学校にて指導。
25	48	警視庁にて指導。 この年に惣角より教授代理を許された佐々木兵庫、堀川幸道両師範が佐川宗範より教伝を受けている。
27	50	東京都中野区の警察大学にて指導。
29	52	武田時宗、武田宗清両師範の推薦により、大東流合気柔術三十六代宗家となる。
30	53	東京都北多摩（現在の小平市）に大東流合気武術総本部を設立する。
31	54	大東流三十六代宗家を時宗前宗家に譲る。以降は宗範となる。
53	76	松田隆智著『秘伝日本柔術』にて紹介され、胴上げ潰し、合気二刀剣、合気槍術等の高級技法が初めて公開される。
平成2	87	1月18日付の朝日新聞夕刊にて「87歳　佐川さんの奥義」との見出しで大きく掲載される 5月、心筋梗塞で東大病院に一ヵ月入院。
10	95	3月24日午後2時、心筋梗塞の為自宅にて逝去。

代）は、これまたうそかまことか、自分の弟子に対しても決して後ろ姿を見せなかったという逸話がある。

今日の感覚ではいささか常軌を逸しているかもしれないが、武術の世界とは一皮むけばそのようなものだったのである。確かに古武道でも元来は技術以外にも、家の出入りや道路の歩行についてまで、実に様々な注意事項や心得が伝えられている。昔の武士は日常生活のこんなことにまで神経を使ったのかと驚くこと受け合いである。佐川宗範も「どんな相手がいるかわからないから、慢心なんかしていられない」と語っている。しかし武術の命脈は、本来はこうした緊張感や向上心の中にこそ存在するものだと言えよう。

しかし、今日では勝敗が存在するのはスポーツやゲームの世界であって、古武道は一つの文化形態の伝承を大義名分にするようになった。即ち、古武道の範疇から戦いという概念が排除されたことによって、本来ならば現実に直面するはずである個人の強弱の問題が相対化されたた

二度と見られぬ佐川宗範の絶技

いずれも連写カメラによる撮影であり、技が極まるのに1秒もかかっていない、文字通りの電光石火の早技、神技的技術である。上半身に力みが全くないところに注目していただきたい――。

両胸捕り

1 両手で襟を掴んだ瞬間に合気で崩し、**2〜4** そのまま吹っ飛ばす

手を使わない体合気(たいのあいき)

1両手で帯と腕を掴んできたところを、**2~5**合気によって真下に潰す

結果、古武道には敗北というものがなくなってしまったのである。自分が誰かに敗れることを考えなくてもいいようになり、あまつさえ、そんなことを考える事自体が、あたかも次元が低いかのように考える風潮さえ生まれている。

しかしそうなると古武道は最悪の場合、形は確かに伝承されてはいるものの、武術としては既に命脈が絶えているという事態も遺憾ながらありうるのである（もちろん、そうならないことを切に願っているけれども）。言い換えれば、大東流を含む今日の古武道界は一種の母胎的な特質を持っており、そこから一歩でも外へ出ればまたたく間に自分の存在を覆されてしまうことになりかねないのである。大東流の場合もその危険性が多分にあり、むしろそういう弱さを自覚しているからこそ、古武道界の母胎的システムに依存せざるを得ないのが実情であり、従って大東流や古武道に対して熱心なつもりでも、実は熱心なふりをしているだけというケースを実によく見かける。前述したような旦那芸発言はその典型である。

佐川宗範は最後までそのような頽廃的な風潮に迎合することなく、自らの技量を拠り所とする武術家としてのあるべき態度を貫いていたのである。その意味では日本の武術史上の金字塔だろう。おそらく佐川宗範は、幾多の実戦をくぐり抜けてきたが故に、武術から制度的に勝敗を取り除いても、個人の強弱の問題は決して回避出来ないことを誰よりもよく知っていたに違いない。呑舟の大魚は細流に遊ばずという言葉を思い起こさせる。

佐川幸義宗範の足跡を辿る
十七歳で合気の極意を発見

佐川宗範は明治三十五年（一九〇二）七月三日、佐川子之吉（ねのきち）の長男として北海道は湧別（ゆうべつ）に生まれている。九歳の時から小野派一刀流を佐々木亮吉に学び、他にも関口流柔術、富田喜三郎について甲源一刀流剣術を修行している。武田惣角との出会いは十歳頃であり、当時、佐川宗範の父上であられる子之吉師範（これより後の大正三年に惣角より教授代理を許されている）が惣角に師事しており、佐川宗範も父上と共に惣角に学ぶようになったのがきっかけであるという。佐川家では十八畳敷の道場を新築し、惣角を招聘している。

惣角は佐川家に二年間滞在して大東流を教授しているが、佐川宗範には最初は主に剣術を教授していたようである。言うまでもなく剣術は惣角が最も得意としていたものであり、渋谷東馬より小野派一刀流を学んでおり、小野派一刀流の剣客として各地を武者修行して回っている。しかし佐川宗範に教授された技術は実戦における活用法がほとんどだったという。

惣角の剣は独創的なもので、いろいろなものが総合されて独自の技になっており、しかも左右自在に側面から片手で籠手を打つ動きが得意だったと佐川宗範は言っている。

北海道湧別の自宅にて。向かって右から美代子夫人、佐川宗範、母堂

筆者の想像ではおそらく惣角の片手打ちは、小野派一刀流の陰刀の変形か、それに類した動きではなかったかと思われる。確かにこの動きを片手で素早く行えば、リーチを最大限に長く使うことが可能であり、おそらく小柄な惣角が体格差によって生じるハンデを克服する為に工夫したのだろう。後年になって惣角が教授する二刀剣の発想の原点も案外これにあったのかもしれない（ちなみに小野派一刀流にも二刀を用いる技は存在するが、大東流のそれとは異なる）。実際には惣角から本格的に剣術を学んだ門人はきわめて少なく、多くの場合は説明を受けるか、或いは巻物に書き記すだけだったようである。

それから二年後の大正三年、佐川宗範は惣角に正式入門し、本格的に大東流を学ぶことになる。佐川宗範は早くから合気の重要性を悟り、子之吉師範と共に合気揚げの研究に余念がなかったという。様々な試行錯誤の末、十七歳の時に合気揚げの極意を発見。この早熟ぶりには子之吉師範も仰天したという。

気合いもろとも木刀一閃、単身でやくざを一蹴

青年時代の佐川宗範は「若い頃はある意味では目茶苦茶だった」と言っているように街頭で無数に白兵戦を経験しており、特に当身の活用法を独自に工夫していたということである。佐川宗範は大正九年から十二年まで東京に下宿し、大東流を教授しているが、この四年間は特に実戦の場数を踏んでいる。道場を開くといろいろな人が腕試しにやって来るので、これを先ずは徹底的に痛めつけたとのこと。大正十年には銀座で車屋の一団にからまれ、なんと三十対一の大乱闘の末に撃退するという離れ技を披露している。

佐川宗範によれば、人間が出来て大人しいというのは宗教家ならいざ知らず、武術家には向かないのだそうである。若い時は目茶苦茶で、歳をとってゆくにつれて段々まともになるくらいの方がいいのだという。確かに古今東西を通じて実戦の雄と呼ばれた人は、元来が闘争心の強い性格が多かったようである。既に佐川宗範は、後に不世出の達人となる下地を当時からのぞかせていたと言えよう。

こうした武勇伝は実に沢山あり、これより後の昭和十八年には新橋駅前にて、ドスを持ったやくざの一団にからまれた友人を助けるために単身向かってゆき「我こそは武田惣角先生の第一の門人、佐川幸義なり！いざ覚悟せよ！」と大音声で叫ぶや、持っていた木刀をビュン！と一振りしたら、あまりの気迫に相手は驚いて、一人残らず一目散に逃げていったという話がある。一口に大東流の師範と言ってもいろいろな人がいるが、佐川宗範に限っては戦う武術家であり、間違いなく実戦の雄であったと言える。

死の淵にある惣角より奥秘を授かる

そして昭和七年に教授代理となり、惣角の助手として巡回指導に同行している。特に昭和十一年には仙台から福島、関東地方各地、そして東京の日日新聞社（今の毎日新聞社の前身）にて講習会を開いており、後に振栄舘にて大東流を教授した細野恒次郎師範も、この時に指導を受けている。昭和十六年に福島県柳津温泉にて惣角が倒れたという電報が入り、佐川宗範は柳津に急行。

病床の惣角は既に左半身不随となっており、枕元の佐川宗範や時宗前宗家に向かって動かせる右手を差し出し「抑えてみろ」と言い、両手で押さえつけると寝たまま合気揚げをやってみせた（右半身不随と書かれていることもある

が、正しくは左半身不随なので念のため）。この時佐川宗範は、合気における新たな極意を見出したという。おそらく明日をも知れない身となった惣角は、自分の武術の極意をしかるべき人に伝えておきたいと思ったのだろう。

「武田先生は決して手取り足取りして教えることはなかった。これが合気だと言ってやってみせるだけだった。私はそこに何か理屈があるはずだと思って考えていった。だから、私は武田先生から全てを学んだということよりも、合気を掴むことが出来たことが一番大切なことだと思う」と佐川宗範は語っている。

武田宗清師範を大喜びさせた「快挙」

佐川宗範が本格的に大東流の教伝を開始したのは、昭和十五年に東京中野に居を構えてからのことであるが、それ以降も惣角同様、各地からの警察等の要請により出張指導を行っている。特に昭和二十三年から二十四年にかけては北海道遠軽、北見、札幌、岩見沢、夕張等の各地の警察署や警察学校から要請を受け、指導に赴いている。翌年には警視庁予備隊、その翌々年には東京都中野区の警察大学で指導している。

東京中野に道場を開いた頃の佐川宗範（前列中央）

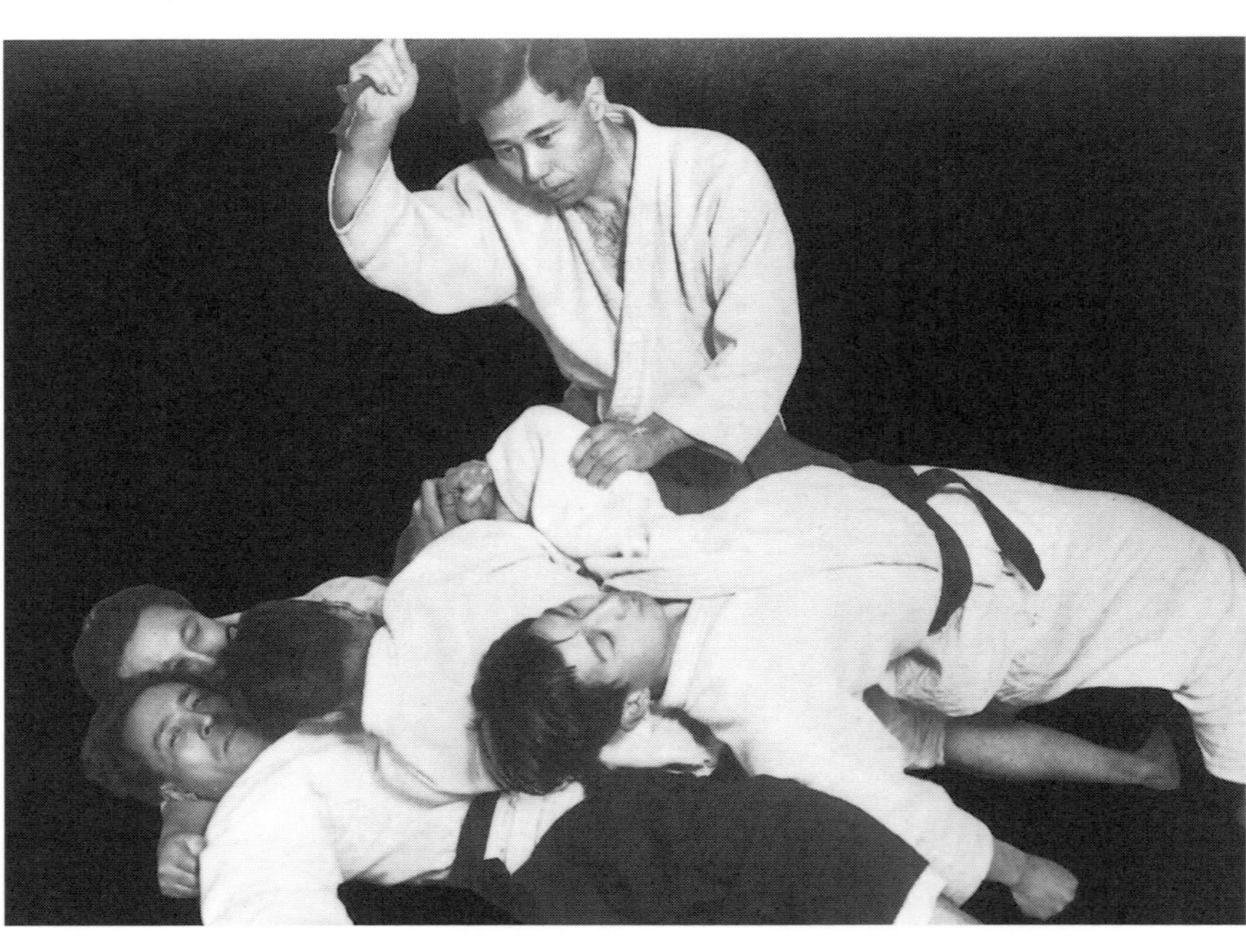

鉄扇四人捕。青年時代の佐川宗範の貴重な一枚

昭和二十八年十二月十日、佐川宗範は会津の武田宗清師範（惣角の長男。当時七十六歳）の所を訪れているが、この時宗清師範より、当地の柔道家某が惣角や大東流を誹謗中傷し、大東流などいつでも相手になってやると言っていることを聞き、件の柔道家の道場を訪れて試合を申し込んでいる。某がつかみかかってきたところを、すかさず腕を捉え、連続して逆手を極めておさえつけると、「参った」と言って非礼を詫びたという。これには宗清師範は涙を流さんばかりに喜んだそうである。今考えても確かに快挙である。粗暴だと思う人もいるかもしれないが、流派の名誉というのは個人の尊厳と同じ様なものであり、事と次第によってはこのようなことも辞さないだけの気概がなければ守れないものであり、事なかれ主義では済まない場合もある。

それかあらぬか、翌年一月には宗清師範と時宗前宗家より、大東流合気柔術第三十六代宗家に推薦されている。時宗前宗家は前年に北海道網走に大東館を設立しており、大東流一門の大同団結の為に各地に散在する惣角門下の師範を訪れていた。そして佐川宗範は大東館の総本部長に就任するように要請されたが、大東流の技は組織を構えて多くの人に普及させることができるような性質のものではなく、あくまでも個人単位に教伝すべきものであるとする佐川宗範の方針は時宗前宗家と相容れず、これを辞退しており、昭和三十一年には三十六代宗家も時宗前宗家に譲っている。それ以降は師範の総帥を表す宗範と呼ばれることになる。

「七十代で最も進歩した」

佐川宗範が東京都北多摩郡（現在の小平市）に現在の大東流合気武術総本部道場を設立したのは昭和三十年のことであり、以後は九十五歳で他界されるまで自己のあくなき鍛錬と研究、そして弟子の育成に独自に専念されている。

「技は見世物ではない」という方針から、見学や取材は原則として認めず、演武も行わず、あくまでも求道者としてのあり方に徹してきたのは前述した通りである。佐川宗範の道場には柔道、剣道、空手等の高段者や著名な師範も数多く入門しており、また堀川幸道師範のように、惣角の他界後に改めて佐川宗範の指導を受けている人もいるが、こうした人々を納得させるだけの技量を晩年まで維持していたことは比類なきこととして、充分に特筆に値しよう。

佐川宗範のあくなき探求心と向上心、そして人並みはずれた自己鍛錬は自らの技を次第に精密なものへと変容させ、

東京・小平に佐川道場はある

歴史を感じさせる道場入口の佇まい。右の板には「佐川派大東流合気武術」と書かれていたそうだが今では判読できない

六十八歳にして新たなる合気の原理を発見し、以後は自己鍛練の内容も、これに則ったものに変えている。これによって技の威力が倍加し、相手に接触しただけで瞬時に吹っ飛ばすことも可能になったという。佐川宗範自身も「七十代で最も進歩した」と言っている。

佐川宗範の技の深化の軌跡は、そのまま大東流の技の深化の歴史でもあったのである。

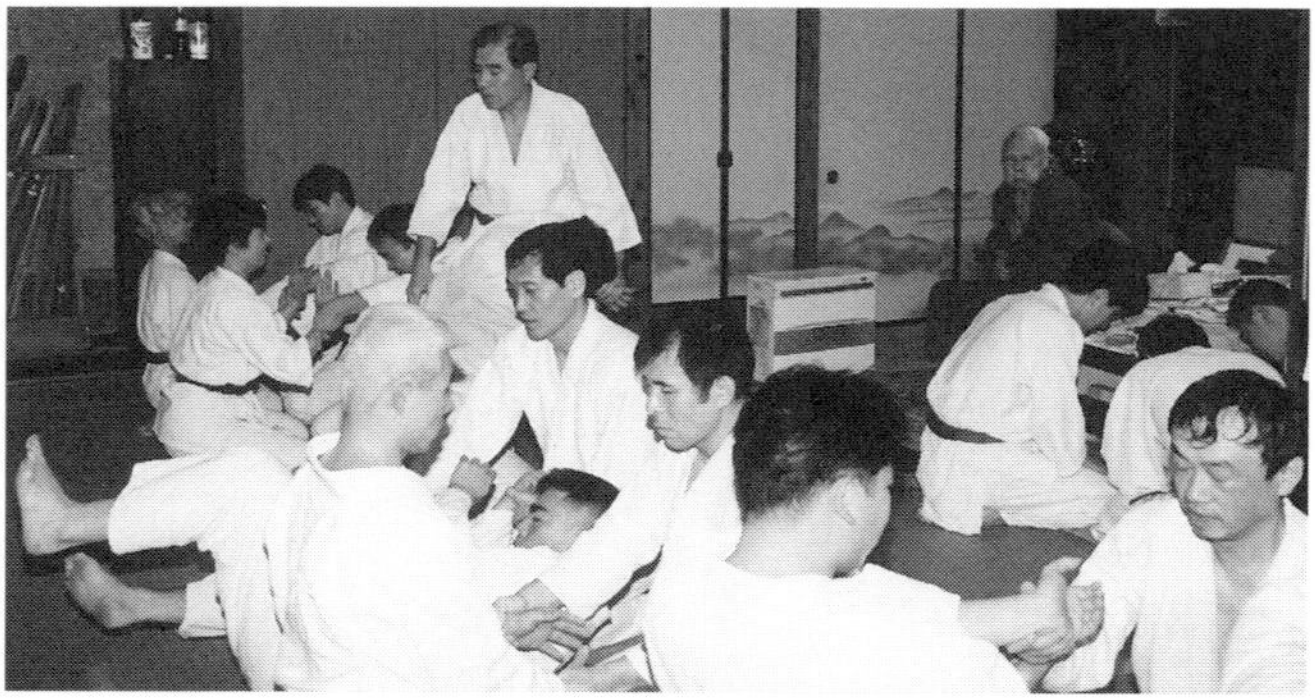

厳しい眼差しで稽古の様子を見つめる佐川宗範（写真右上）

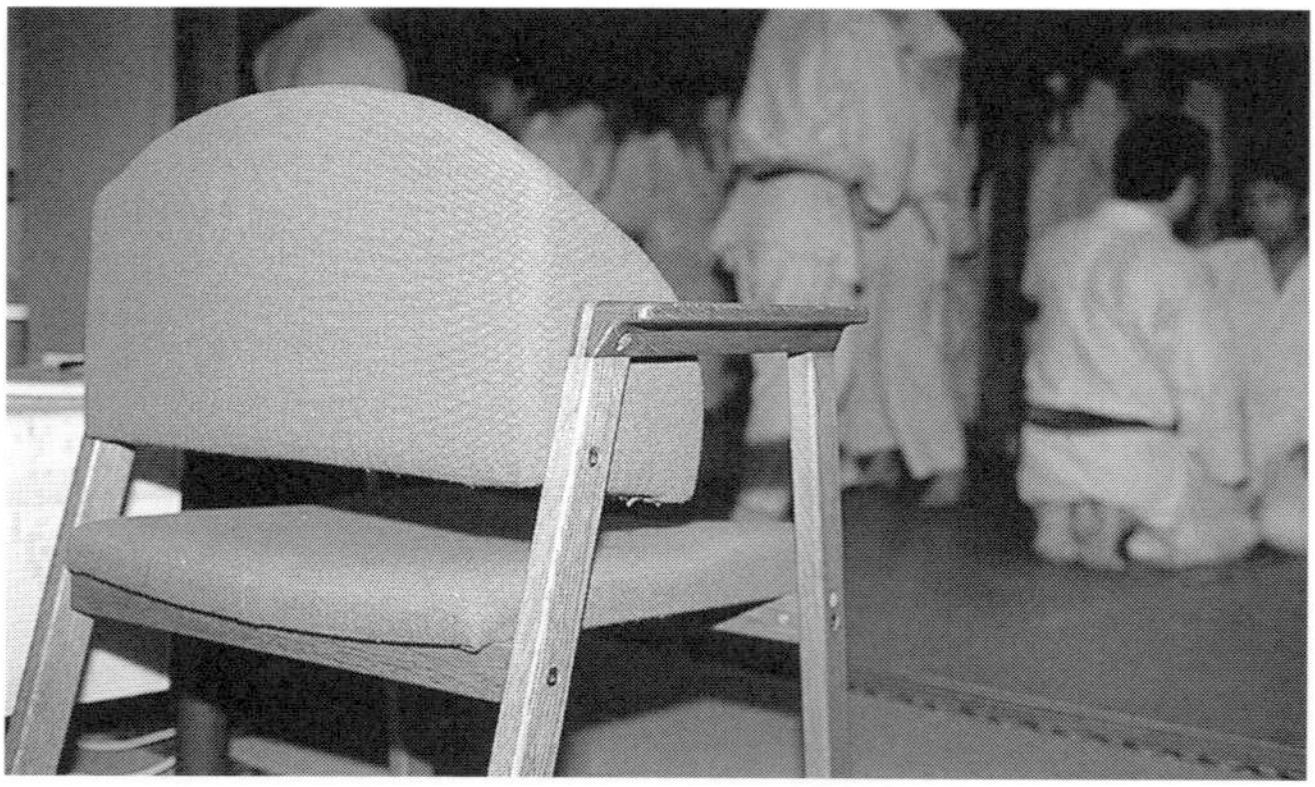

道場に上座にある一脚の椅子。上の写真にあるように、生前の佐川宗範はこの椅子に腰かけ、稽古に目を配っていた。椅子は今も変わりなく同じところに置かれている

佐川宗範の功績を無駄にしないために

ともあれ、佐川宗範は自らの死によって、その途方もない実力を永遠のものにしてしまったと言える。我々は既に現実には存在しない達人や極意を、活字というメディアの向こう側に構築するだけの不毛に絶え続けなければならないのであろうか。

死者は二度と戻っては来ないが、これからは一人でも多くの人が佐川宗範のように大東流の武術としての可能性を捨てず、少しでも伸ばす方向へ向かってゆくべきではないだろうか。佐川宗範もきっとそれを喜ぶのではないかと筆者は思う。■

大公開 佐川道場の知られざる教伝内容

選ばれし者のみ奥秘の段階へ

第十元までに分類された独自の体系

佐川道場では、大東流の技術を第一元から第十元までに体系化している。

これは佐川宗範が武田惣角より学んだ技術に長年の研究の成果を加えたものであり、文字通り佐川宗範の体験と研究の結晶と言える。

入門を許された者は先ず一般稽古に参加し、第一元の技術を学ぶ。

ここで言う元とは、根本となる術理を指しており、第一元とは第一の原理という意味である。従って第一元イコール一ヵ条抑えという意味ではなく、第一元においては大東流の基礎となる体捌きと合気の修練や、一ヵ条に相当する技術をはじめ、四方投、小手返し、コバ返し等、約百五十本の技から構成されている。これは第二元以降も同様であり、上の段階に進むに従って同じ技でも次第に精密になってゆく。

第一元の技法は一箇月単位で先へ進むカリキュラムになっており、初心者はこの各技法を反復することになっているが、最初の段階では佐川宗範は指導も注意も行わず、原則として古い門人が教えることになっており、その中で素質や熱意、上達度、稽古態度等を認められた門人が佐川宗範のチェックを受けるようになり、更に見込まれるようになって、初めて佐川宗範から手を取って教えを受けることが出来るようになる。

なお、佐川道場の段位は初段、初伝初段、弐段、目録弐段、参段、中伝参段、上伝準四段、奥伝四段、準免許準五段の九段階になっており、実力重視のために昇段は厳しく、初段になるまでには少なくとも三年はかかるとされている。

第二元以降は一般稽古とは別に時間を設け、佐川宗範の直伝講習を受けることになっており、その為には個別にその旨を佐川宗範に申請しなければならないが、それが出来るのは原則として有段者に限られており、第一元の時と同様に、素質や熱意を認められた者が佐川宗範より選ばれて講習を受けることが出来る。従って実際には第一元から先

現在の佐川道場。佐川師範亡き後も合気を極めようという道場の人たちの熱意に変わりはない

に進むことが出来ない者も出てくるということである。次の第三元に進む場合も同様であり、志望者は更に振るい落とされることになる。

ちなみに第二元は二ヵ条を中心とした各技法約二百本と太刀の基本。第三元は三ヵ条を中心とした各技法約二百五十本によって構成されており、第三元では体之術の最後に、短刀捕とピストル捕から成り立っている凶器捕を学ぶ。

このように厳格な教伝段階を進み、第三元を終了した者から選ばれた者が佐川道場の上部組織である合気佐門会に入会が許され、いよいよ第四元以降の奥秘の段階に進むことが出来るようになる。そして道場においては指導助士の資格が与えられ、後進の指導にあたることになっている。第四元は四ヵ条に相当する経絡技を中心とした技法になっており、体之術の最後に真剣白刃捕を学ぶことになっている。

段階が高まるにつれ、武器術も併習

第五元以降については木村師範の要望もあり、詳細な解

説は控えるが、第十元に到るまで、それぞれの術理のテーマに則って技が体系付けられている。特に四元以降は体之術に加えて、様々な武器術を併せて学ぶことになっており、別伝で甲源一刀流剣術を学ぶが、佐川宗範の剣術は一般のものとは異なり、体捌きと合気を重要視した独特のものになっている。

これ以降も第五元では棒術、第六元では棒対太刀、第十元では槍、二刀剣等の武器術を学ぶようになるが、いずれも体捌きと合気が重要なポイントになっている。

槍術は槍対槍、槍対太刀、槍対徒手に分かれているが、いずれも槍にて合気を用い、槍が相手の武器や手足に触れるや否や、瞬時に転倒させてしまう。

二刀剣はその名の通り両手に大小を持ち、これを巧みに用いて独特の攻防同時の技術を行うと共に、二刀を使って合気を掛けるところに特徴があり、これによって相手の動きを制する。大東流の極意的な教伝の一つであるが、現在では真伝を会得している人は極めて少なく、従って解釈も師伝によってまちまちになっている。

また、第八元では体之術として合気拳法を学ぶが、この合気拳法は、いわば大東流の術理を極限まで突き詰めたものであり、合気を研ぎ澄ますことによって技が単純化され、

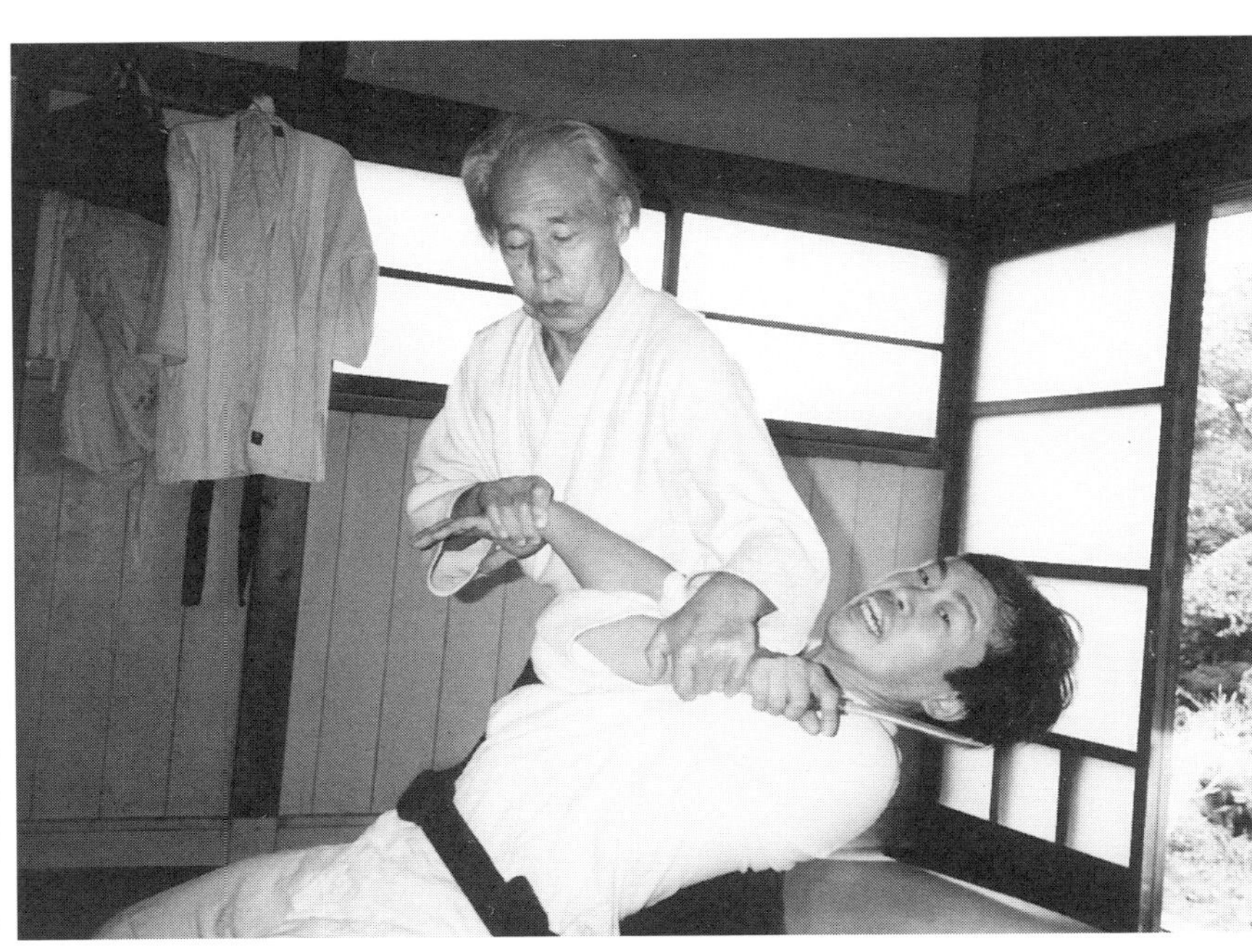

第三元直伝講習にて。凶器捕の技法の教授を受ける木村達雄師範（82年5月）

柔術と拳法の攻防技術が限りなく一体化されたものである(ただし最初に学ぶ当身技とは異なるので念のため)。ここでは相手の突き蹴りを受けると同時に合気で崩したり、或いは合気を応用した当て技で相手を吹っ飛ばすという技法を用いるが、ここまでの段階で合気を充分に体得していなければ活用は困難である。

尚、奥伝四段に到った者は佐川宗範より教授代理を許されるが、現在に到るまで教授代理になった者はごくわずか、さらに十元を終了したのはその内の三名のみである。■

合気棒術二人捕り

第2章
高弟が触れた佐川宗範の合気

木村達雄師範に聞く／佐川宗範の直弟子、名著『透明な力』の著者が語る

佐川幸義宗範の合気とは「透明な力」の実像

聞き手◎吉峯康雄

佐川宗範との出会い

——最初に佐川先生に会われたのはいつごろですか？

木村　昭和五十三年十一月二十八日のことですが、私は中学三年から合気道に明け暮れていて、外国でも教えていたし、名古屋大学でも合気道部を作っているし、それこそ合気道漬けの生活だったんです。その頃の私は名古屋大学の助手をしておりまして、『秘伝日本柔術』（松田隆智著、新人物往来社刊）という本で佐川先生のことを知ったのがきっかけです。それで手紙を出して訪ねていったのです。

道場では応接間に通されたのですが、あの当時の私は佐川先生がそんなに偉大な人だとは知らなかったものですから、佐川先生の前で、それまで自分がやってきた合気道の話とか、植芝盛平は凄かった、なんて話をとうとうとしたんですよ。今から考えると冷汗ものですけど（笑）。

そうしたら先生がソファに腰掛けたまま「両手を抑えてみなさい」とおっしゃるから、言われた通りに上から両手を抑えつけたんです。当時先生は七十六歳位だったから、私がやっていた合気道の常識から言えば、そんな老人を本気で抑えたら何も出来るはずがないと思って、軽く抑えたら「それしか力がないのか、情けない奴だな。本気で抑えてみろ」と言われまして、私もそこまで言うならと思いっ

きり抑えたんです。そうしたら何が何だかわからないうちに後ろに弾き飛ばされましてね。普通、上からがっちりと抑えたらどうやっても力がぶつかるものですけど、そういうものが何にもなくて、一瞬で崩されたんですよ。それから先生が立ち上がって「襟を掴んでみなさい」とおっしゃるから、着ていたセーターの襟を掴んだら、ほんの少し体を動かしただけで床に倒されましてね。

それから「もう一回お願いします」と言って、両手で思い切り掴んだり、足を踏ん張ったり、とにかくありとあらゆる方法で試したのですが、何回やっても同じように倒されてしまう。これには驚きましてね。その場に手をついて「是非入門させて下さい」と言ったら言下に「駄目だ！」と断られたのです。

佐川道場の実際

――入門者は厳選されるということですが、実際はどうなのですか？

木村　確かに厳しかったですね。とにかく私としては、やっと本物を見つけたという喜びで胸が一杯になって、何としても入門したいと思いましてね。もう一度丁重な手紙を書いたんです。そうしたら「入門は許すが私は教えないよ」と言われたんです。どういう意味なのかというと、佐川先生の道場では初心者は弟子が教えることになっていて、先生は注意もしないんです。それなりに素質や熱意を認められた人が、先生から直接教わることが出来るのです。

だから私も最初のうちはほったらかしにされていて、先生に手を取って教えてもらえる人がすごくうらやましかったものです。でも、入門を許されただけでもありがたいことじゃないかと思い、悩んだり焦ったりしながらも何とか稽古を続けました。そうしたら次第に先生から技の注意や要領を受けるようになり、そして直接手を取って教えていただけるようになったのです。

――道場での稽古の様子はどのようでしたか？

木村　佐川道場の場合、初心者は古い門人には全く技が通用しないんですよ。何も力づくで抵抗しているわけでもないのに、相手の腕にぶら下がりに行ってるみたいでびくともしない。身体が全然違うんですよ。私は合気道も十五年やったけれども、結局身体は素人の時から変わっていなかった。お互いに飛んだりしているから、本質的には身体は変わらないんです。

佐川道場では最初は技はかからないけれど、稽古をしているうちに、身体がだんだん強くなってくるんです。ですから三年の人、五年の人、十年の人、二十年の人とでは身体の強靭さが全然違うんです。見かけは同じですよ。とにかく合気道では見たこともないような強靭な身体の持ち主ばかりで、こりゃ化け物集団かと思いましたよ（笑）。でもそうやって稽古していって、知らず知らずのうちに身体が強くなっていったことは確かですね。

——佐川道場では、稽古は主に技の反復ですよね。

木村　そうですけれど、技が効かなかったら倒れなくてもいい、ということを前提として稽古を行うことによって得られる強さではないかと思います。だから、ある段階に達すると、門人同士では技がかからなくなってしまう。それを佐川先生がいともあっさりと技を掛けてしまうんです。たとえば二ヵ条、合気道で言う二教ですが、これもいつの間にか掛からなくなっていたけれども、佐川先生が掛けると誰がどんなに頑張っても、一瞬で真下に潰されてしまう。それを見ることによって希望が湧いてくるんです。

でも、段々わかってきたことですけど、あんなことはいくら身体を鍛えても普通は可能なはずがないんですよ。そこに合気の術理があるということを確信するようになったのは、入門してから五年程経った頃でした。

驚異の鍛錬法

——佐川先生は物凄い自己鍛練を続けていたそうですね。

木村　ええ、ご自分でいろいろな鍛練法を考案して、それをずっと続けていました。先生は普段の自己鍛練や研究が七十%、道場での稽古が三十%だとおっしゃっていました。だからああいうレベルまで達することが出来たと思います。道場稽古だけをいくらやってもああはならないですよ。何しろ他の人とレベルが全然違うんですから。どうしてあんなことが出来るのか不思議で仕方がなかったものですが、とにかく自分の身体を鍛えること、それと常に創意工夫することですね。そしてその研究を道場で試す。単に教えるのではなく、自分で研究しながら教えていました。

ですから、これも印象に残っていることですが、亡くなる前日も一週間ぶりに先生に投げ飛ばされたのですが、技の切れがさらに鋭くなっていたんですよ。一週間会わないうちに、また新しい発見や研究をしていたのかもしれませんが、とにかく私達が上達するよりも技の深化が早いんです。

それから先生を偉いなと思ったのは、老齢になるとどうしても身体が以前のようには動かなくなるのですが、先生はそれに応じた鍛練法を開発するのです。たとえば立って動くのがきつければ、座った状態で出来ることを考えたりとかするわけです。

——佐川先生の鍛練については『透明な力』にも少し触れていましたね。

木村 以前は自己鍛練の内容は決して見せなかったのですが、九十歳を過ぎてから少しずつ教えるようになってはいました。鍛練道具の中で鋼鉄製のハンマーのようなものがあって、これが物凄く重いんですよ。柄の先端を持って片手で振るんだそうですが、振り方の要領を知らずに、いきなり振ったら腕をこわしてしまうと思いましたね。

——佐川道場では別伝として、甲源一刀流を学ぶということですが、これは第三元を終えてからですか？

木村 そうですね。ただし甲源一刀流と言っても先生の場合は合気と体捌きを含んだ独特のものです。剣術で印象に残っているのは、先生が「打ち込んで来なさい」とおっしゃられたので、頭めがけて打ち込んだら、木刀が当たる寸前に先生の身体がサッと消えたと思ったら、いつの間にか斜め後ろに大上段に剣を振りかぶって私をいつでも斬れる体勢でいたことがありまして、一体どんなふうに動いたのかさっぱりわからなかったものでした。何度か同じことをやっていただいて、目を皿のようにして見たけれどもわからない。非常に精妙な体捌きでしたね。先生が竹刀を持つと、まるで竹刀が別な生き物のように動いてくる。私も剣道は三段までやりましたけれども、あのような現象は見たこともありませんね。

武器は他にも小太刀や棒、槍、二刀剣等がありましたが、どんな技でも先生の場合は技の源泉には合気がありますから、それを掴めるかどうかにかかっているんです。佐川先生の教えた技は一元から十元まで全部合わせれば二千手を越える数になりますから、表面の技術だけを集めていたらカタログを広げたようになってしまい、到底使えるようにはなりません。

八元の合気拳法を学んだ時の話ですが、先生が「顔面を突いてこい」と言われるから、ボクシングのグローブを着けて、思い切り顔面を突いたら、次の瞬間、先生がサッと動いたと思ったら、後ろに吹っ飛ばされましてね。動きそのものは単純ですけど、合気が充分にできていないと使えない代物でしたね。後でノートに書く時に困りましたよ。

技の手順がはっきりしている場合はいいけれど、先生の技は、上の段階に行けば行くほど単純化されていくんです。突いたら飛ばされた、というのではノートになりませんんからね（笑）。

佐川宗範の「合気」

――やっぱり合気が大東流の武術としての核心でしょうか。

木村　そうですね。私の場合は外部から来た人、これは他の武道の高段者が多かったのですが、そういう人を最初に相手をする係になったものですから、これは負けるわけにいかないと思って、先生から教えていただいた鍛練を毎日のように一万回近く繰り返していました。

でも、いつだったか先生から「どんな鍛練をしても新しく入った人に合気を体得されてしまったら終わりだよ。合気とはそういうものだ」と言われて、それからはなんとしても合気を掴まなければならないと思いました。というのも、先程言った鍛練をたくさんやって他の人にはやられなくなっても、確かに先生にかかったらどうしようもないんですよ。そうしたら先生に、いくら鍛練しても、合気によってどうとでも倒せることがわかっているから、鍛え方を教えたんだよと言われて、なるほどなあと思ったものです。

佐川先生は合気に関しては決してそのものズバリを教えないのです。合気という核心があって、その周辺の技術、それもかなり核心部分に近いところまでを教えるんです。つまりそこまで教えて、果たして核心部分を掴めるかどうかを見るわけです。それを掴めない人には教えても駄目だという考えなのです。もともと佐川先生も自分自身で大変な努力をして、やっとのことで体得したわけですから、学ぶ側も当然そういう努力をするべきだと考えていました。

ですから、必然的に教える人を絞って集中的に仕込むという形にならざるをえないのです。一元、二元という段階

いつしか先生が教えて下さるようになったのです、と木村師範

を設けて、そこで素質や熱意を認められた者が先に進むようになっているのもそのためです。

――中には一度も手を取って教えてもらえないことを理由に、佐川先生のことをよく言わない人もいるらしいですね。

木村 そういう人もいることは知っています。でも、大体において、そういう人にも考えるべき点はあるものなのです。弟子が師匠を選ぶように、師匠もまた弟子を選ぶ権利があるわけですから、そのことに気がつかない方が悪いと思います。

だから、手を取って教えてもらえないなら、先生がじかに教えたくなるような弟子に自分を変えていかなければならないんです。私だって最初は入門を断られて、教えないという条件で入門を許されたのですよ。要するに合気道に利用するために技を盗みに来たと思われていたのです。だから最初は先生からは少しも教えてはもらえなかった。でもそれを自分で努力して変えていったのです。私の場合はとにかく、少しでも先生の良い弟子になろうと思いました。そういう誠意が少しずつ通じるようになって、先生が教えて下さるようになったのです。それは弟子の努力ですよ。つまり、本当に習う以上は先生の気持ちになって、先生が教えようと思う人物にならなければいけないんです。それをやろうともしないで、教えてもらうのが当然というのは心得違いですよ。

それに佐川先生のような教え方を採らなかったら、これほど深くて難しい技術は残らないと思います。そもそも全員に平等に教えることができるような性質のものではないし、そんなことをやったら技のレベルを維持できなくなり

道場ではずいぶん以前より指導する立場にある

ます。技の形式なら説明出来るけれど、技の内実は口では説明出来ない領域です。特に合気は内部感覚によって体得するものですから、そのためには、学ぶ側に素質や熱意があって、それなりの鍛練も積んでいて、技に対する理解力がないと無理ですよ。だから、教える立場にしてみれば、そういう人を選んで教えることにならざるを得ないんです。

——つまり、教えることに対してそのような態度でないと、技のレベルを維持することが困難になるということですね。

木村　そうです。少なくとも、合気が本当に使えたのは、武田先生と佐川先生しかいないのです。形だけなら、やっている人は沢山いるけれど、相手が本気で掛かってきた時に通用させることが出来たのは二人だけです。でも間違いなく使える人がいたことは事実なのですから、それを何とか人類のために残したいと思いました。

私事で恐縮ですけれど、合気に関しては私もずいぶん試行錯誤を繰り返したものです。たまたま上手い具合に相手を崩せて、おお、これが合気かと思って喜ぶと、そこに先生がやって来て「違う違う！　それは力だ！」「合気はこうだ！」と一喝されて、やってみせると私のとは全然違う。駄目かと思ってまた別な方法を考える。でもそれも違う。これの繰り返しでしたね。

『透明な力』

——『透明な力』を書いた動機はどのようなものだったのですか。

木村　そもそもこれほどの実力を得るためには、大変な努力をされているに違いない。だとしたらそういう人は正当に評価されてしかるべきではないか。あまりこういうことは言いたくありませんが、一方では吹けば飛ぶようないい加減な人達が虚名を売っているのに、先生はこれほどの実力を持ちながらも、世に出ないために正当に評価されない人生をおくっているなんて間違ってる。そう思ったことがあの本を書いた動機です。

最初のうちは先生は決して賛成しませんでした。でも私の意思を次第に汲んでくれるようになって、最初にあるような略歴等も教えていただくようになり、原稿もチェックしていただきました。そのおかげで三年前の、今でも覚えていますが、三月二十四日に、やっとのことで出版出来ました。でもああいう本を書くとしたら、あれが最後の機会だったと思います。奇しくもあの本が出版されてからちょうど三年後に、先生は亡くなられているのですよ。これも何かの因縁だったのかもしれません。

――本の中の佐川先生の言行録を読むと、武道に対して常に前向きな姿勢が窺えるんです。何よりも、最後まで大東流の可能性を信じて、それに没頭されていたところが素晴らしい。あそこを読む度に、武術家というものはやっぱりこうでなければいけないんだなあ、なんて思うことしきりですよ。

木村 あれは、ある時から稽古の前に先生と台所で話をする習慣になり、そこでいろいろと伺った話から技術に関係ない部分を選んだのです。あれから少しでも会得されることがあれば、私もあの本を書いた甲斐があったと思っています。大体において途中で強くなることを諦めてしまう人に限って「強くなろうとするなんて浅はかだ」とか言って合理化しようとする。でも先生は違いましたね。最後の最後まで向上心を捨てなかった。そういう先生の生き方や気概等を是非多くの人に汲み取ってほしいと思います。

――私もそれは同感です。どうも今回はお忙しいところをありがとうございました。

（一九九八年四月十九日、筑波大学にて収録）

この2人だからこそ、語ることのできる新事実、ついに公開！

実弟 佐川廣 × 十元師範 木村達雄

聞き手◎安積 邦

合気のタネがなければ

——それでは「佐川幸義と合気」というテーマで、いろいろお話しいただこうと思います。佐川宗範が亡くなられてもう3年近くになりますが、今でも先生の訃報を聞いた時の衝撃というのは忘れられないです。後から自らの死を予感されてたかのような「最後の稽古」のお話を知り、さらに驚かされました。

木村　今度『透明な力』を重版する時には、その最後の稽古風景を追記として書いて載せると（出版社の人と）約束してるんです。……あの時は、先生を含め5人しかいなかったんですよね。

——特別な教授が行われたとか

木村達雄著『透明な力』（講談社）

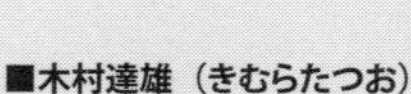

■木村達雄（きむらたつお）
1947（昭和22）年、東京生まれ。中学、高校は剣道部所属（剣道3段）。中学3年から合気道を始め、山口清吾師範に師事し、その間植芝盛平翁の朝稽古にも足しげく通う（合気道5段）。東京大学理学部数学科を卒業後、同大学院修士課程修了。その頃、鹿島神流を稲葉稔師範より学ぶ。その後、名古屋大学助手となり、その際に同大の合気道部を創設する。プリンストンをはじめとして、アメリカ、ドイツ、フランスの大学で客員助教授を務めるが、その際も当地で、週末には請われて合気道を教えてまわり過ごす。1979（昭和54）年、佐川幸義宗範と出会い、入門。最高教程である第十元までの直伝講習を受けており、佐川宗範を世に知らしめた『透明な力』の著者としても有名。佐川宗範から直接指導を受けた回数は、弟子たちの中でも抜きんでており、最も熱心に宗範の教えを請うた門人といえる。現在は筑波大学数学系教授を務める。特にいまは数学系長として多忙な日々を送っている。53歳

※情報掲載時（2001年）

……。

木村 どうでしょうか（微笑）。それはともかくとしても、伝授されたからできるというもんじゃないですから。時期を待って、熟していかないとだめなんです。

――時期を待って熟す……。

■佐川　廣（さがわひろし）
1909（明治 42）年、北海道下湧別生まれ。佐川幸義宗範の実弟。1933（昭和８）年北海道大学工学部卒業、1936（昭和 11）年早稲田大学法学部卒業。自らは大東流を習うことはなかったが、父子之吉、兄幸義らが惣角から精力的に学ぶという環境に育ち、今では、生前の武田惣角、佐川幸義の二人を語ることのできる、唯一の人物である。生前の佐川宗範が最も愛した弟でもある。現在は千葉県に在住。91 歳

※情報掲載時（2001 年）

木村 生前佐川先生はよくいわれました。「合気というのは、合気というタネ（種）があるんだ。タネがあるから自然に発芽してドンドン進歩する。だから合気があるかどうかは、その人の進歩の度合いでわかるんだ」とね。

――合気のタネ、ですか。

木村 つまり合気がない人は、ちょっとした思いつきである程度はいくけど、そこで止まってしまう。合気があると自動的に芽がでて、それがドンドン成長してってものすごい勢いで変わり続けるんだと。入門したての頃、佐川先生がある先輩をさして、彼は合気を取りたてだから（木村君も）よくみて学びなさい、といわれたことがあった。でも半年くらいたったある日、「彼に合気はないね、もしあればもっと全然違ってきてるはずだよ」とおっしゃって、先生は〝合気のタネ〟の話をされたんです。

――なるほど。でも合気がなんだかわからない立場からすると、じゃあどうすればタネが手に入るの？ってなるんです。一生懸命努力すれば得られるとも思えない……。

木村 武術というのはできる人に会わないと（上達は）むずかしいんですよ。特に合気に関しては絶対無理だと思う。体を通した情報を得ることが必要不可欠なんです。そういう体の感覚を体験すれば、本やビデオをいくら見ても絶対

にわからないということが理解できると思います。

——できる人の技を直接受けない限り、合気修得などありえない。

木村　そう思いますね。武田先生のような天才は別として、実際にやられた感触というのがない限り、わからないんです。何度も技を受けてたってむずかしいんだから。僕も20年間で何千回とやりましたから。

絶対に残さなければ！

——現象的に合気のように見える技というものがあると思います。我々などは、本物の合気によるものと区別がつかないんですけど。

木村　レベルが上がると、違いがわかるんですよ。僕も入門当初は、佐川先生はおろか、先輩の人にもやられてたんです。指1本で倒されたりしてね。「(佐川先生とその先輩の) おふたりとも強いなあ」って、強さの違いもわからなかった。ところが鍛えていって3年たったら、こちらががんばるとその人の技が掛からなくなった。その先輩だってすごく強い人なんです。それでも5年が過ぎると技が全く効かなくなりました。その人だけじゃない、誰の技も効かない。だけど佐川先生だけには、(もちろん僕だけじゃありませんけど)、コロコロ、コロコロやられてしまうんです。最初は「こんな強い先輩が、あんなに (投げられて) 飛ぶなんて……うそだろう? (先生に) 遠慮してるんじゃないのか」なんて心の中で思ってたんですけどね (笑)。

——それが普通ですよね。

木村　ところがやられ続けてみて、そのうえで自分が強くなれた時に、ハッと気づいたんです。「佐川先生の技には本質的にまったく違うなにかがある！」ってね。5年もかかりました、佐川先生に合気があるとハッキリ認識するまでに。さっき言ったように、自分が弱いうちは、あんなに強い先輩があそこまでやられるものだろうかと、つい疑念を持っちゃうんですが、先輩がもう何をしてこようがびくともしなくなってからも、佐川先生には全然抵抗すらできずにポンポンやられる。あの先輩は本当にやられてたんだ、と気づかされずにはいられませんでした。

——で、絶対合気をつかんでやるぞ、と……。

木村　それはもちろんですが、同時に「これは絶対に残さなければ！」と思いましたね。

——といいますと?

木村　口でいっても、誰も信じないだろうと直感的に思ったわけです。だって佐川先生の技のすごさをどんなに言葉を尽くして説明したところで、あまりにも常識を超えているから、そこで修行している身である自分がまねごとのひとつもできなかったら、特に今の時代なんか誰も信じちゃくれないでしょう？　それに口でいうだけなら誰でもできますけど、武道はそれでは通用しない。できるか、できないかですから、大事なことはね。だからもし僕がやってみせることができるようになれば「僕の技より佐川先生ははるかにすごかったんだ」っていえるし、説得力だってある。佐川先生のすごさを伝えることができるはずだと考えたわけです。

――それが木村先生のウン千回にも及ぶ稽古の原動力となったんですね。

木村　まあ回数はおいといて（苦笑）、たしかにそうですね。

弟子の「試し」を容認したこともあった！

佐川　たしか合気を学ぶにも、段階というのがあるんですよね。

木村　ある段階までいくと、佐川先生は（特別な人たちだけが対象なんですけど）弟子をチェックされて、ひと言ふた言アドバイスして下さるんです。普通の人は気づかないんだけど上の（レベルの）人間にはわかる、というような言い方でね。まじめにキチンと取り組んでる人には、（佐川先生は）ちゃんとみてて何かいって下さいましたね。

――かなりの上級者でないとわからないようなアドバイス、ですか。

木村　理解力が違うんですよ。口でいくら教えようとしても、むずかしい面もある。同じ言葉で説明しても、個々人が自分の経験などにより想像あるいは判断してこうだと受けとるわけですから、解釈する体系の元がなかったり間違ってたりすると、いくら言葉でいっても理解できない、想像がつかないんです。言葉ってある意味ものすごく不便な伝達手段でね、特に武術の体験というのは、言葉で言い表わせない部分がすごく大きいですから。実際に技を受ける以外ないんです。

――百聞は一見にしかず、ですか。

木村　でもほんというと一見でもだめなんです。どんなに必死になって外から見たって、やはり直接に体験しないことにはどんな感じかわからない。特に佐川先生の技は、見るのと直接受けるのでは全く感じが違ったですから。

――でも自分の体を通して学んでゆくにしても、試行錯誤というのは必要だと思うんです。「さっきはこれでだめだったから別な方法を試してみよう」とか「教えに反するやり方だけど、こうやったら先生はどう対処するんだろう」と考える人がいてもおかしくない。

木村　意外に思われるかもしれませんが、佐川先生はいろんな実験的なこと、試行錯誤をさせて下さるんですよ。極端な話、何をしてもよかった。

――な、何をしてもよかった!?

木村　だから僕なんかいろんな方法を試しましたよ。いつも8通りくらいはね。

――そんなに。

木村　おかげで先生から「木村君はいつもいろんなことを試してくるね」っていわれちゃったこともあった（笑）。

――たとえばどんなことを試してみたんですか。

木村　要するに「こうしたらどうだろう」「これがだめなら今度は反対に持ってみ

木村氏は「こうやって軽く手を乗せるようにしたら（合気はかからないんでは）」と佐川宗範相手にやってみたという。はたしてその結果は……この通り！

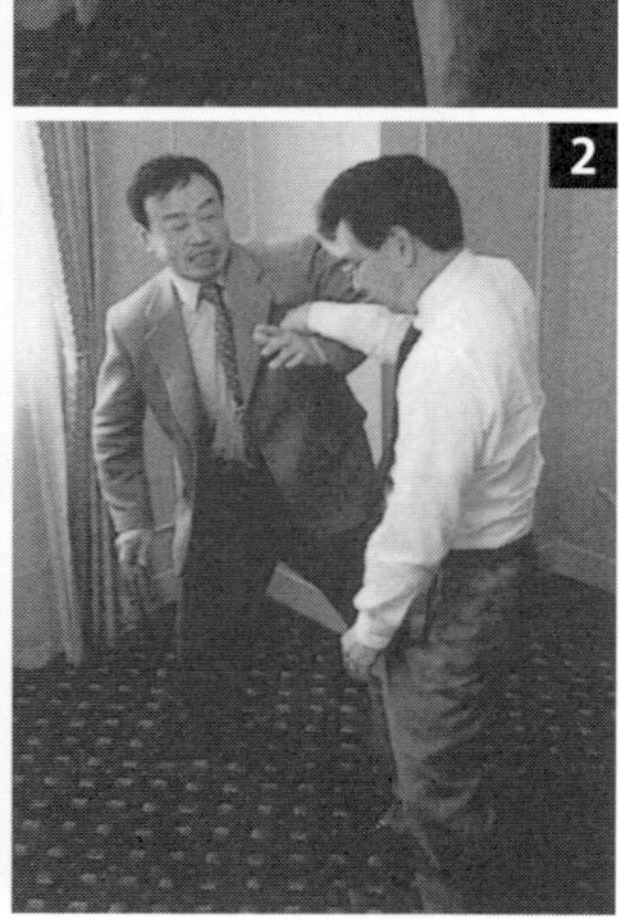

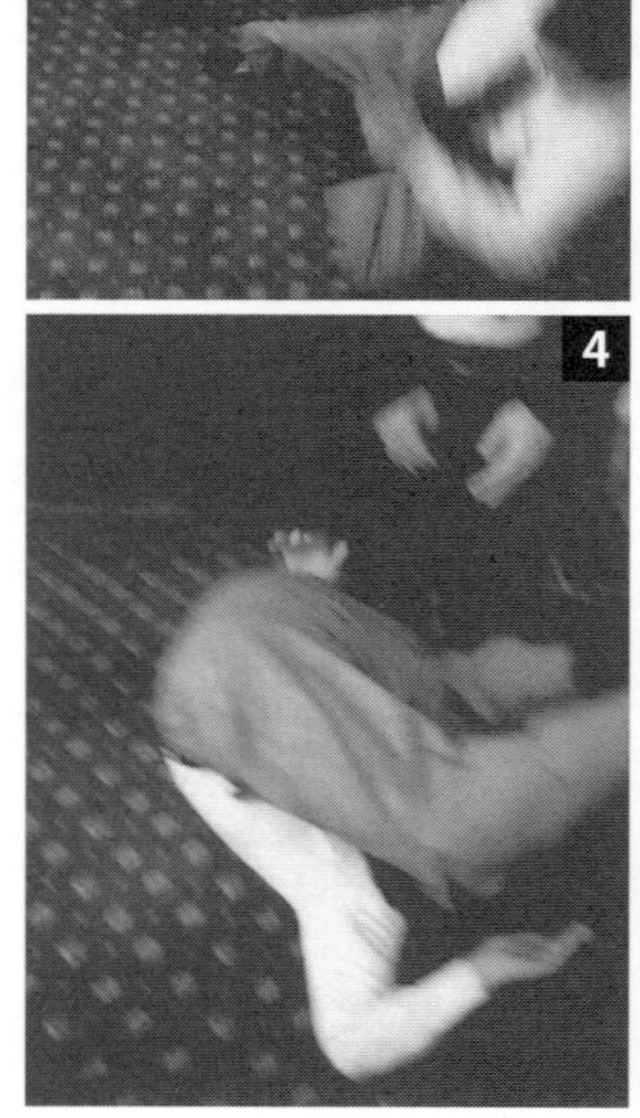

たらどうか」っていう具合にやってたんですけどね。ある時は「ひょっとしたら軽く持ったらダメなのでは（技がかからないのではないだろうか」と佐川先生の手にそっと自分の手を乗っけてみたこともありました。口で説明するのはむずかしいので、その時に佐川先生がやってみせた様子を再現してみましょうか。

※以下、実演（前頁写真）

――いやあ、す、すごいです。

木村　これをやられたんですよ。入門して3年目くらいのことです。……でも、まねごとができるようになってうれしいですね（微笑）。こういうことが何度もあって、僕は佐川先生に夢中になっていったんです。これは、本当にすごい！って……。

佐川宗範と植芝盛平翁

――でも、木村先生が佐川道場へ入門する時は、いろいろ大変だったそうですね。佐川先生に最初にお目にかかれて「これこそ自分が求めてた武術だ！」とすぐに入門を決意したのに、先生は一言、「でも教えないよ」。

木村　ええ（苦笑）。断られた当初は、講談のように先生の家の軒下でずっと立ってようかと思ったくらいで（笑）。でも今の時代じゃそれも迷惑だろうと思ってね。考えあぐねた末に手紙を書くことにしたんです。

――手紙ですか。

木村　一度断られたわけですからね、文面をどうしようか、悩みましたよ。でまあ、こう書いたんです。「この世には縁というものがあると思います。私も最初に佐川先生を知っていたなら合気道はやらなかったでしょう。それに、佐川先生は一切、宣伝というものをされていません。ですから知りようがなかったですし、それで合気道をやっていたからダメといわれましても……」とね。

――断られたのは、木村先生が合気道をそれまでやられてたからなんですか。

木村　僕の少し前に入門した、合気道四段の人がいたんです。だけど（佐川先生が）これから教えるかという矢先に、そちら（合気道）の先生から指導者になるようにいわれて、佐川道場をやめてしまった。その直前には空手を15年やった古いお弟子さんがやめてしまったこともあって……その年数が僕の合気道15年とピッタリおんなじでね（苦笑）。佐川先生もこれはゲンが悪いと感じたんでしょうね（笑）。

――そうかも知れませんね（笑）。

木村　それに初対面の時に、僕は植芝先生はスゴイという話を、佐川先生の目の前でさんざんぶち上げましたから。まさか佐川先生がそれをはるかに上まわる大先生だとは、その時は思ってもみませんでしたしね。「これは怪しい、技を盗みにきたに違いない」と思われたのかも知れない（笑）。

――スパイに違いない、と（笑）。

佐川　ちなみに兄貴が30歳の頃ですか、兄貴は植芝さんが合気ができるかどうかを試しに、植芝道場に行ったことがあるといってました。ところが、なかなか一緒にやろうとしてくれなくて。ようやくやることになったんですが、しゃにむにつかんで赤くなって気張ってたけれど、などと話してました。

――たしか『透明な力』にもその話が載ってますね。

佐川　それで、これは木村さんの本にも書かれてませんが、そのうち湯川さんという門人の方を相手にすることになったんです。それで兄貴はその方を何度も何度も、それこそ10回以上投げた。湯川さんという方も、はじめは意地になって兄貴にかかってきてたんですが、（何度となく投げられてるうち）だんだんと素直に投げられるようになったそうです。その後に植芝さんもその方と稽古したそうなんですが、「それが、湯川がうまく受身をとるものだから、俺が投げるのよりもっと鮮やかにみえる（笑）」と後で兄貴はいってました。私もそういう話を聞かされて、兄貴よりも植芝さんの方が上じゃないかと思ったものですけど、木村さんのお話をうかがうとね……。

佐川宗範が激しく怒る理由

木村　あと、佐川先生は気力がすごかったんですね。特に、技の上達ぐあいを怒られる時はもう、ね（苦笑）。それはそれは強烈でした。僕は結構そういうことがあって。それから僕は稽古の前にはいつも、1時間ほど佐川先生とコーヒーを飲みながら2人でいろいろお話するという習慣があったんですが（編集部注・この習慣は佐川先生が亡くなるまでの約17年間続いたという）、ある時、いつものようにコーヒーを飲んでいると、いきなり先生が「あんたは、この2ヶ月くらい進歩が止まってるっ！」……アレはものすごく怖かった。道場での稽古以外の（自分でやる）鍛錬なんかも、仕事が忙しくて1週間くらいやってないと、すぐにいわれちゃう。それがいっつもズバリ（当たってる）

なんですね。僕が自分で考案した鍛錬法を試してると、先生には話してないはずなのに「(いまやってる鍛錬は)やめなさい」とかね。……いやあ、すごかった。

――……勘が鋭い方だったんでしょうけど……すごいというか、正直信じがたい気もします。

木村 ホントの話です、全部。佐川先生の話はオーバーに言いようがない(ほどすごい)んだから。むしろ、もっと驚く話がたくさんあるんです。こっちとしては、言葉にしちゃうと(実際よりも)小さくなって(伝わって)しまうようで、あまり話したくないくらいなんですよ。

――佐川道場の方にうかがうと、怒られる時はものすごく怖かったとお聞きしていますが、廣先生からみたお兄さまはいかがでした?

佐川 私自身には兄貴に怖い印象はありませんけど、こと武術に関してはきつい面をみせることがあったんでしょうね。でも弟の私に口うるさく何かいうってこともなかったし、兄弟なんだからって変に干渉してくることもありませんでした。私らの父親がそういう人だったんです。父親はいろんな苦労を経験して、子供たちには好きなことさせてやりたいって気持ちがあったんでしょうね。私は大学をふたつ、北大を出て早稲田に行ったんですが、そういうわがままも父は許してくれた。夜遊びはいけないとかもいわなかったし、なんでも自由にやらせてくれたんです。

――……。

佐川 かといって、なにか悪い遊びに走ってたわけではないですよ!

――い、いえ、なにもいってませんけど(汗)。

佐川 まあ友達の家へ遊びに行って遅くなるようなことがあったくらいでね。私は酒が飲めないものですから。兄貴もそんな親の姿をみてて、自然と自分も兄弟に対して同じように接するようになったんでしょうね。

木村 佐川先生からご兄弟の話をうかがうと、廣さんのことばかり話されるんですよね。ほかのご兄弟の話は聞いたことがないんですが、廣さんの話はよくお聞きしました。

佐川 前にお話しした通り、昔、兄貴の稽古の相手をよくさせられたわけですが(苦笑)、兄貴はそのことを気にかけていてくれたのかもしれません。

――佐川先生は廣さんについてどういうお話をされてたんですか?

木村 ニワトリの(話)とか、廣さんの手のお話ですね。「弟ぐらい大きかったら」って、盛んにうらやましがられてましたよ(笑)。

佐川　兄貴は、手がずいぶん小さかったんです。

木村　とてもそうは思えないくらい、鍛え上げられた手をされてましたけどねえ（苦笑）。

佐川　そうですね、鍛えて強くしたんだと思います。まだ北海道にいる頃、柔道五段か、六段のお弟子さんがいたんですが、その人の腕が太くてねえ。私くらい手が大きかったら彼をつかむのももっと楽なのに、と兄貴がぼやいてたことがありましたよ（笑）。

――佐川先生がボヤいた!?

木村　とにかく弟の廣さんをかわいがってらっしゃるのが先生の話しぶりから伝わってきて、とても印象に残ってますね。

達人佐川宗範の逸話、武勇伝

――廣先生、お兄様の合気に関してなにか印象的な思い出はありますか？

佐川　ある時、兄貴が「指1本で、（廣先生を）動けなくするよ」と私にいったんです。「1本の指だけで押さえる？

そんな馬鹿な！　絶対ありえない」って内心思いましたよ。ところが（身ぶりを加えながら）あっさりと、それも、ごくごく自然な感じで倒されちゃってね。あお向けに寝っころがらされて、腕をグッと背中の方へ回されてしまった。するとと自分の体で両腕を押さえつけてるわけですから、まったく動けないんです。兄貴は小指で私の額をグッと押さえて、「起きてごらん」。身動きとれないんだから、起き上がることなんかできませんよ（苦笑）。

※実演していただく（次頁写真）

佐川　実は私は、兄貴の技のすごさを、友人を連れていってはじめてわかったんですよ。

――といいますと？

佐川　（札幌の）円山(まるやま)にいた頃、私の友人に、ケンカで負けたことがないという柔道四段の男がいて、コイツなら少しは対抗できるのではと兄貴のところに連れてったことがあるんです。兄貴が30歳くらいで、私が22か23の頃です。鳥羽信次(とばしんじ)という、頭にツムジが3つもある（笑）、札幌でチンピラ相手にケンカしたりしてる気性の激しい男でね。実際手合わせをしたんですが、兄貴にかかってはまったくの子供扱い！　その気の荒い男が、真っ青になって小さくなってんですから。対抗するどころじゃなかったですね。

――柔道四段を子供扱い……。

「指一本だけで押さえつけるなんて、できるわけない」。いぶかしがる弟をしりめに、佐川宗範はやすやすと固めてみせた、それも小指一つで！

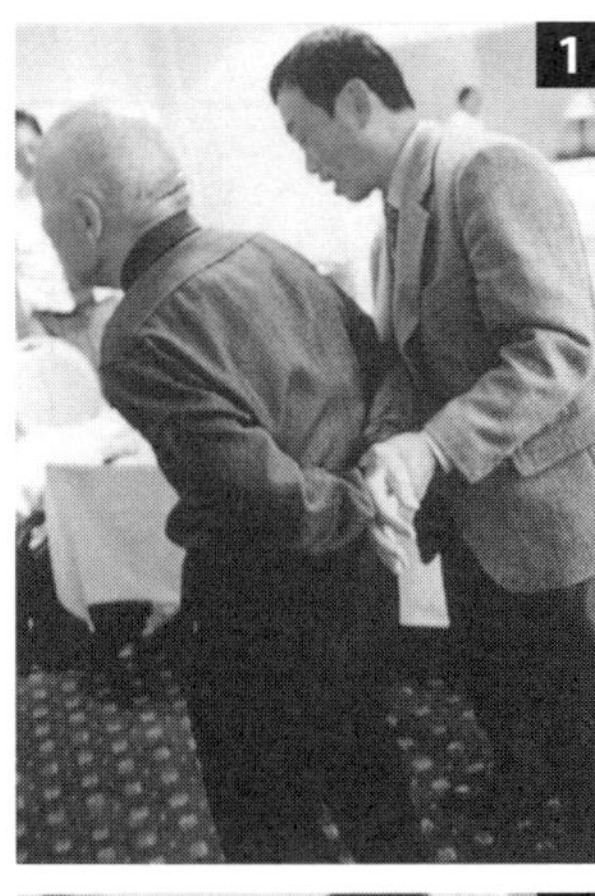

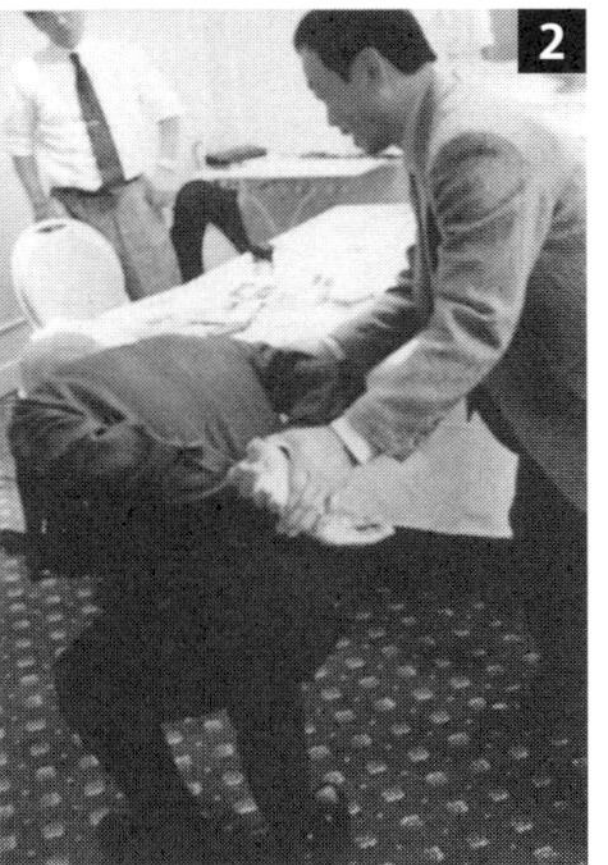

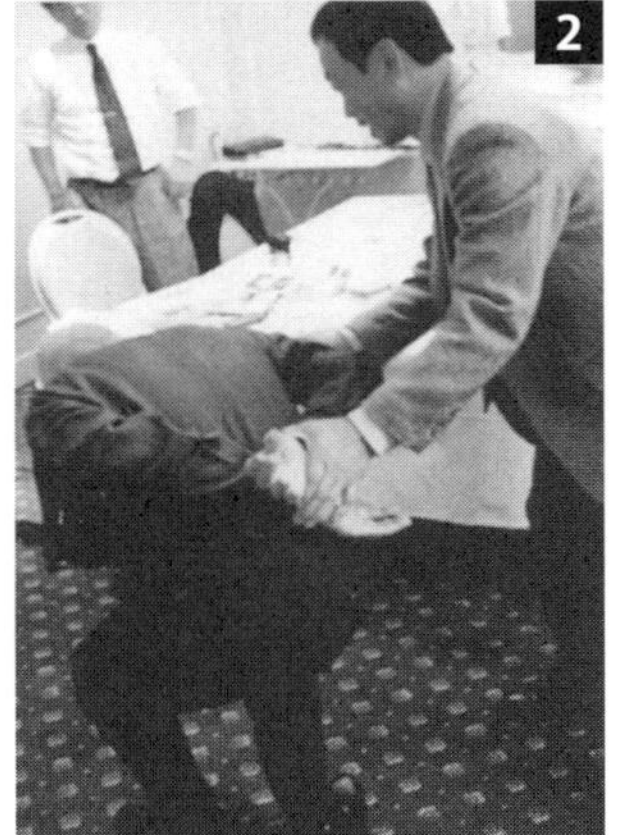

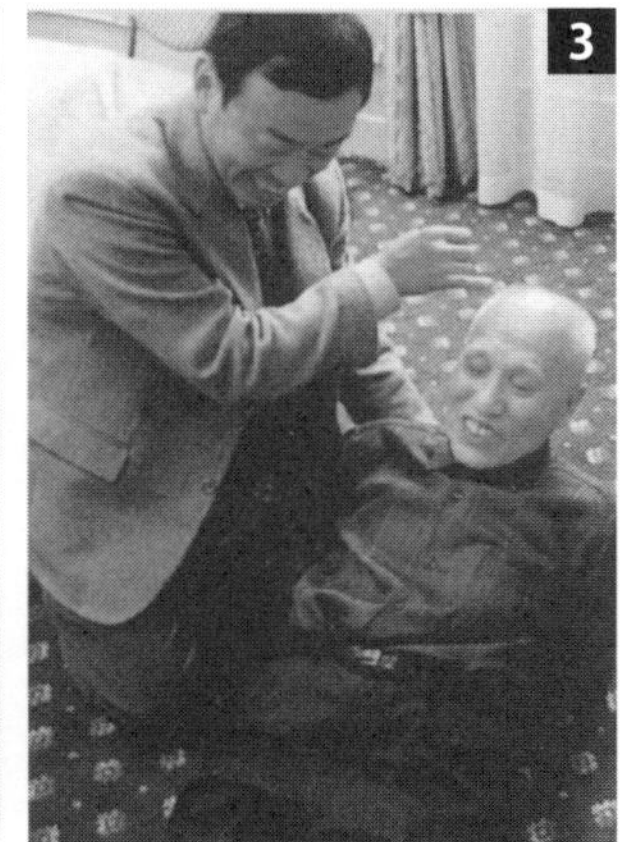

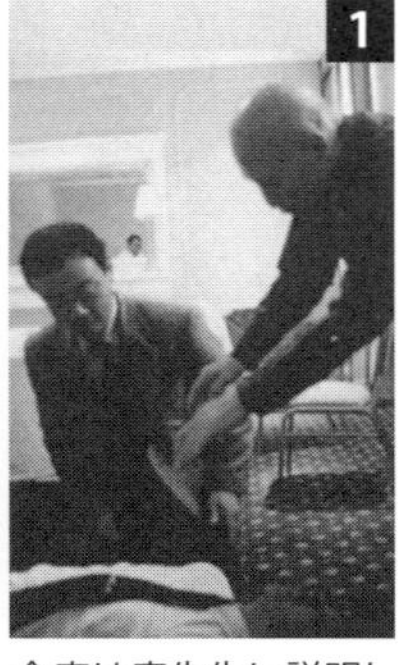

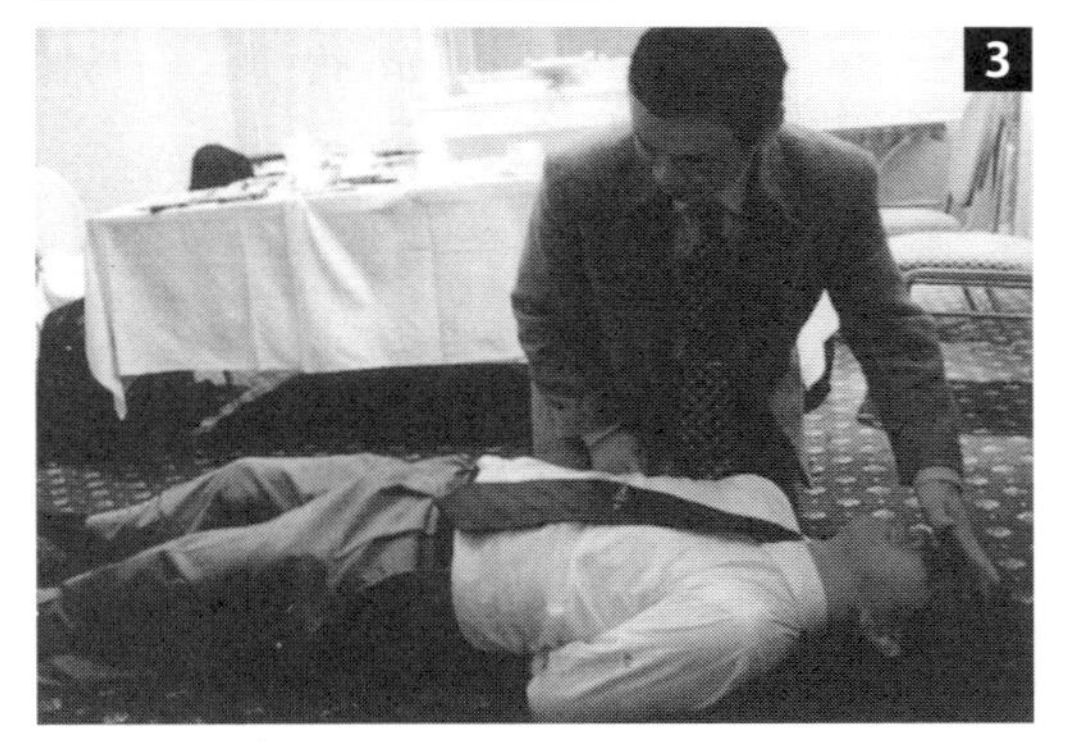

今度は廣先生に説明してもらいながら、木村先生がお弟子さん相手にやってみていただいた

佐川　その鳥羽という男は、その前の年に柔道六段の猛者と試合をしたらしいんですが、いくら四段の鳥羽でも、さすがに六段相手では勝てそうになかった。けれども、とにかく負けん気の強かった彼は、相手のスキをつくようにして、背後から飛びかかって、首絞めで落としてしまったそうなんです。

——うわー。

佐川　で、そんな鳥羽と組んで稽古していた兄貴が、何を思ったのか、投げられて受け身をとって横になると、自分から片手を伸ばして、彼に柔道技の「腕ひしぎ十字固め」をかけさせた。なにしろ何をしでかすかわからないような男ですからね、ほんとに大丈夫かと急に心配になって。

——そりゃそうですよね。

佐川　しかし兄貴は「いいか？」というと、すぐさまヒョイと立ち上がってしまった。相手はというと、兄貴にぶら下がるようにされててね。それだけじゃないんです、相手に完全に極めさせて、「いいか？　はじめるぞ！」といって、外してみせたりもしました。

——どうしてそんなことが。どうなんですか？　木村先生。

木村　二元の直伝講習の時に、佐川先生が伏せた状態から「極めてみろ」といわれ、背中に先生の手を回して、両手で絶対動かないようにしたんです。だけど、「いいか？」っていう先生の声が下の方から聞こえたと思ったら、もうバーンッ！と投げられちゃってた。ですからそのお話も想像がつきますが……だけど、ねえ（笑）。

——普通は考えられませんよ（苦笑）。

佐川　木村さん以外のお弟子さんたちも、兄貴に投げられるのを、「いつの間にか天井が見えて。で驚く間もなく畳が目の前にきちゃってるって感じなんです」とおっしゃいますからね。そういうのを聞くうちに私も、兄貴の技が達人のそれ、というのもあながち大げさじゃないんだな、たぶん事実なんだろうなと思うようになったんです。

——記憶力もすごかったとか。

佐川　それをいうなら武田先生の話もせにゃならんでしょうなあ。

——惣角先生ですか。

佐川　武田先生はご存知の通り文字は書きませんでしたが、先生の記憶力は抜群なんてもんじゃなかった。「この弟子にはここまで、あの弟子には何ヶ条のどこまで教えた」っていうのを、恐ろしいほどにキチンと記憶されてた。

——字を書けないとしたら、メモって記録することもできないわけですよね。

惣角、佐川はどうやって柔道家の猛者たちを倒しまくったのか⁉

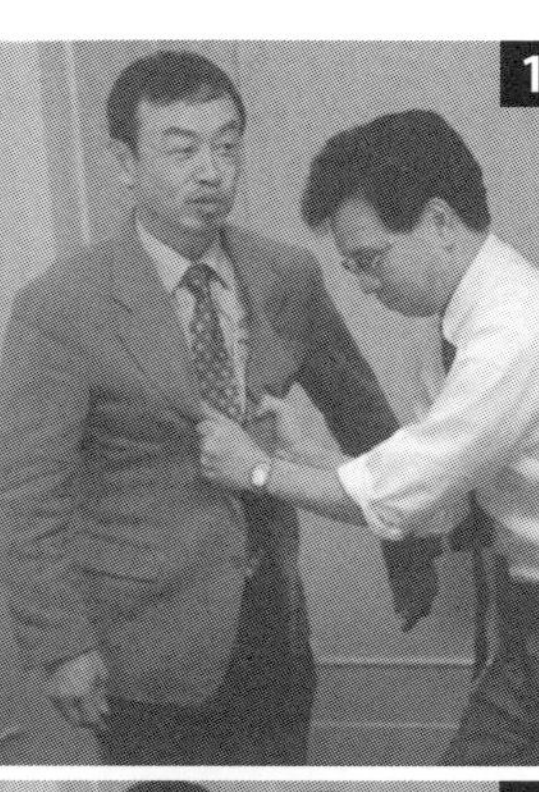

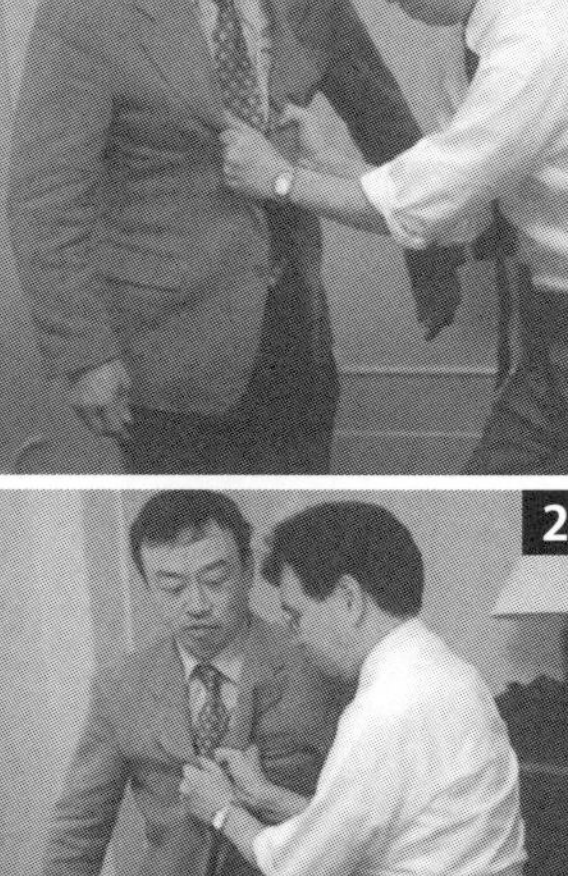

これ（写真の見出し参照）が長年の疑問だった。そこでこのお二人にお聞きしない手はないと、廣先生に解説いただきつつ、木村先生が「こんな感じだったのでは」とやって下さったのがコレだ！　おそらく柔道家が組みついてくるや、瞬時に合気で吹っ飛ばしたんだろう。確かにそれでは柔道家は技を出せないわけで、もしかすると必ず密着してくる柔道家は、案外、惣角や佐川には他流試合の相手としてはたやすかったのかも知れない

佐川　だから兄貴も「何百人、いや何千人と弟子がいるのに、けっして（以前に教えたことを忘れ）重複して技を教えるということがなかった」と感心してました。

木村　佐川先生も、異常といっていいくらい（笑）、すさまじい記憶力でしたね。亡くなる2、3年前になって、ほんの少し（以前よりは）衰えられたかなと感じた程度で。それでも先生が87の時（昭和63年頃）かな、「木村君、私も最近記憶力が悪くなったよ」っておっしゃるから、どうしてですかって聞くと、「昭和19年に訪ねた知人の家に、どういう道順で行ったか思い出せないんだ」ですって。それも当たり前のように（苦笑）。その時は「せ、先生、いくらなんでもそれは……」って何もいえなかった。……だって44年も前のそんなことを、ねえ。

――逆に、そこまで覚えてられるものかと考えちゃいます……。しかしずば抜けた記憶力も惣角直伝だったたんでしょうか。合気、抜群の記憶力、ご長命であること、怒る際のド迫力に象徴されるすさまじい気力だとか、惣角と佐川先生

には、興味深い共通点がたくさんあるんですよね。

誰も知らない、合気の〝副効用〟

――おそらく……というか間違いなく、佐川宗範の合気を最も数多く体験した人は、ここにいらっしゃる木村先生でしょう。その木村先生が合気をどう語るか、合気修行者ならずとも大いに関心があるところだと思うんですが、いかがですか？

木村 合気を体験するとものすごく強くなるんです。合気以外の技では倒されなくなってくる。佐川道場に、先生が5年くらい全然手をとったことのない、体のとても大きい人がいました。それまで私は、彼がどんなにがんばろうが倒せてたんですが、ある時先生が、彼を鍛えて道場の強いメンバーにしようとおっしゃった。そして佐川先生が彼を投げるようになって2週間くらいたつと、ほとんどの人が彼に技をかけられなくなってしまったんです（笑）。

――そんなことが……あるんですね。

木村 ですから佐川先生に投げられた人は、倒されないという意味ではものすごく強くなるんですよ。ただし先生は人を選んでらしたので、道場生の全員を投げたわけではありませんけど。

――いったい体の中で何がおきてるんでしょう？

木村 うーん、どうなんでしょう（笑）。ただこういうことはいえます。つまり合気を体験すると、本当にいい、やられ方を体感することになる、ということです。そうするとそれ以外のものには不快感を覚えるようになる。無理な感じが伝わってきて、受けつけない体になっちゃうんです。先に述べた佐川道場の先輩のような、指1本で相手を倒すほどの人の技が、効かなくなるというのは、普通では考えにくいことだと思うんですが、やはりどんなにうまい人の技も、佐川先生のとは明らかに違う。最初はわからない。だんだんと自分の実力が上がるにつれ、その違いはハッキリしてくるんです。しまいに体がまったく受けつけなくなって「それじゃあ、効かないな」っていうふうになる。もっとも、倒されない、というのと、人を倒せるかというのは別問題で、体が強くなっただけでは強い人を倒すことはできませんけどね。

――そうでしょうね。

木村 それとね、佐川先生の武術のすばらしさで、もうひとつ、あまり知られてないことがあるんです。

――え、いったい何ですか。

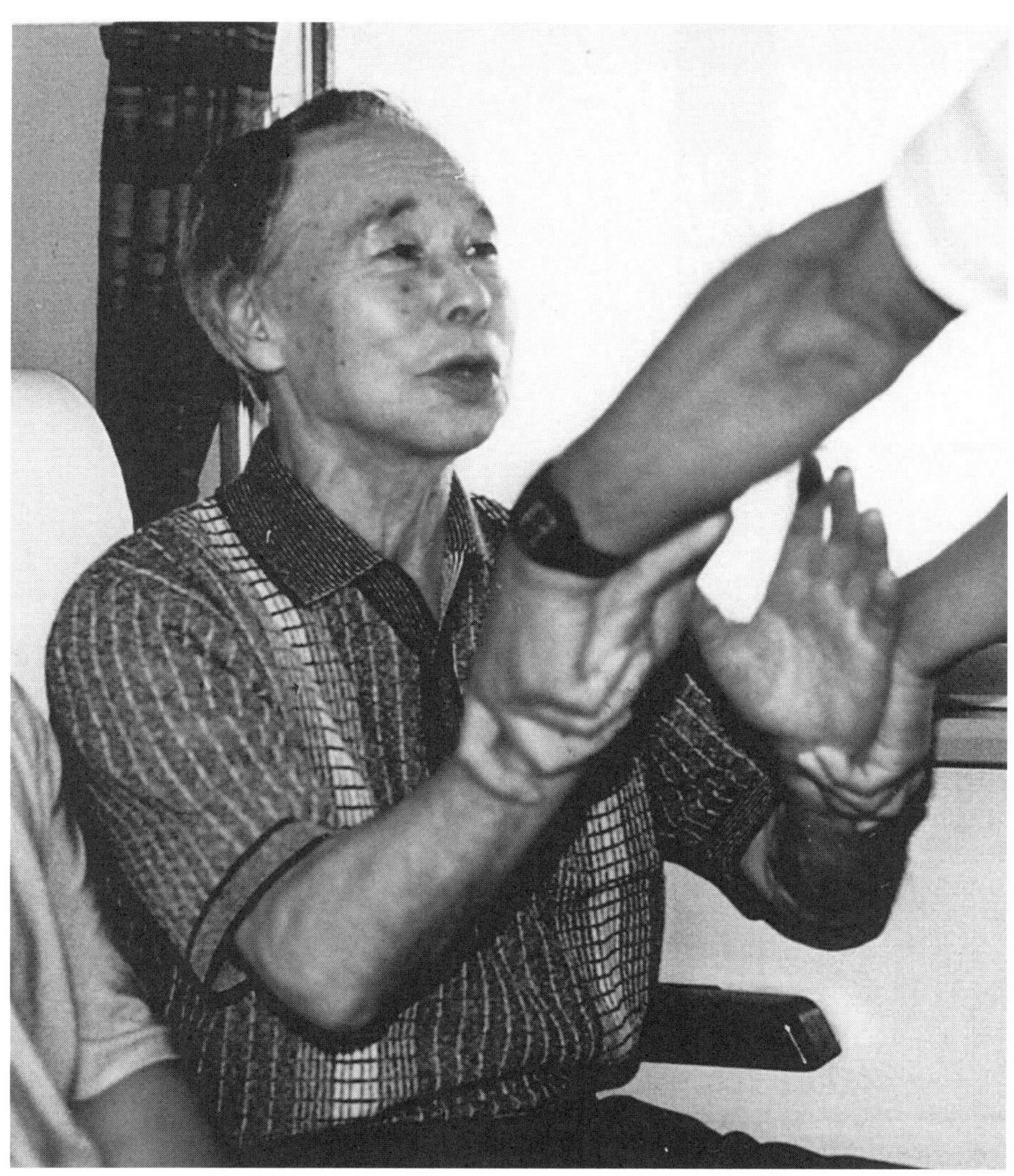

電車の中で合気上げを行う佐川宗範。
ちなみに腕をつかんでいるのは木村先生である（1987 年）

木村　体が元気になって活性化するんです。

——元気になる!?

木村　そう、最近流行(はや)りの癒(いや)し、ヒーリングとかいわれたりする、アレのような効果というか。

——あ、はい。

木村　実は佐川先生の技を受けると、ものすごくいい気持ちになるんです。いまでも、あれはまさにヒーリングではなかったかと思います。投げられると、体のなかを芯がスーッと通るようで、なにか浄化されたような感じがある。力がわいてきて、すごく元気になるんです。実際、佐川先生に稽古で何回も投げられて、頭が妙にさえてきてね、その帰り道に数学の問題が解けた（注・プロフィールを参照してほしいが、木村先生は筑波大の数学の教授なのである。しかも数学系長！）、ということが何度もあったんです（笑）。

——エネルギーを注入されるような。

木村　そう！　体の中に火を通されたように感じるんです。合気は、体の中を通るんですよ。外ではなくて体の中へ入ってくるから、ものすごく元気になれる。自然だから、気持ちよくなるんだね。無理というのがまーったくない！　どんなに激しく投げられるのでもね。当人は、アレッ!?と思っているうちに（投げられてしまった）、と感じるような投げなんです。

——惣角の合気にも、同じような〝副効用〟があったとお考えですか？

木村　武田先生がそこまでいってたかどうかは……なんともいえませんね。もちろん（合気の）相手をパッと崩すという根本的部分はまったく同一でしょうけど。

佐川　武田先生も兄貴にしても、合気をかけられると力が抜けてしまうんですよね。

木村　武田先生は（合気で）力を抜いてからふつうの技をかけたと佐川先生はおっしゃってたんですが、（佐川先生は）そこからさらに発展させたんです。70歳の時に合気に関する大発見をされてね。ちなみに僕は、先生が76歳の時に初めてお会いしたわけですが……その時から、つまり最初っからすごかったと（笑）。

——（笑）。

本当の投げ、最後の稽古のすさまじさ

木村　でもね、佐川先生に投げられて、僕ははじめて本当に投げられるということを体験したんです。それまで合気

道をやってて自分から受身をとるような感じでしたが、佐川先生の投げはどっちに飛ばされるかまったく見当がつかなくて、最初とっても怖かった。準備なんてできないし、一瞬でボーンッと飛ばされちゃいますから、すごい驚きだった。とにかく頭を打たないようにするのが精一杯でね。それでも先生が亡くなる直前、いちばん最後の稽古の時には3回、頭を打ってしまった。

――少なくとも木村先生が師事した20年間、佐川先生の技にはいささかの衰えもなかったと。

木村 衰えるどころか、毎回これ以上の技は考えられない、と思うのに、次に行くと明らかに前回より上だ、ということがずっと続きました。しかもこちらは20年間で力をつけてきてるわけですから。それでも技の威力は変わらない。

――しかし亡くなる直前の稽古まで、頭を打ってしまったんですか。しかも3人しかいない十元師範の木村先生を……。

木村 それだけ最後の稽古はすさまじかったということです。おそらく佐川先生が命をかけてやって下さったんだと思っています。

合気の体とは⁉

佐川 木村さんもそうでしょうけど、体が鋼(はがね)のようで、極めようとしても極まらないんですよね。素人ならここまでいけばもうおしまいですが、木村さんのような人にはとてもかからない。兄貴にも極めようとしたことがありましたが、ダメでしたね。それこそもう鋼を引っ張っているようで、極まった感じにならないんです。

木村 以前佐川先生に、相撲をとるようなふうにして(組みついて)きなさい、といわれたことがあったんです。

――はい。

木村 ……先生に組みついた瞬間、ギョッとしました。

――えっ、どうしてですか?

木村 「な、なんだ⁉ これは!」と。先生の体が我々のなんかと全然違う!ってのが、ものすごくリアルに、強烈に伝わってきて。なにかとんでもないものをつかんじゃった、みたいな。(すさまじい鍛錬で)体が、ホント鋼というか……きわめて密度の高い、なにかまったく異質なものに触れている感覚がありましたねえ。

――異質な感覚ですか、密度の高い?

木村 つまり、なんといったらいいのか、体密度が全然違うんですよ。あまりにそれが高いんで、しまいには触れてる自分が紙になっちゃったような気がしてきてね、ペラペラの。もう90歳をとっくに過ぎてんですよ！　もうとにかく、スゴイ身体。……あれを言葉にするのは、むずかしいな。

――佐川先生のお体については読者の多くもすごく関心があるところだと思うんです。それに関係しますが、佐川宗範の晩年でしょうか、鍛錬のしすぎで筋を痛められ、水道の蛇口を閉めることができなかった、というのは……。

木村　本当です。しまいには「なんにもできなくなって、人間を投げ飛ばすことしかできなくなった」って、先生は話されて（笑）。

――に、人間を飛ばすことしかって……（絶句）。

木村　……缶ジュースのプルトップも開けることができなかったですね。でもプルトップを開けられないのに、その指でつかまれると動けないんですから（笑）……なぜなんだ!?、と。

――……。

木村　もっと不思議だったのは、最晩年の先生は、時折歩くのが少しおぼつかないような時があったんです。フラフラされて、はたから見てるとちょっと心配になる感じで。その時もほとんど倒れそうな足どりでやってこられてね。で、椅子に座ると「木村君、足をつかんでみなさい！」。最初、遠慮してつかんだら、案の定というか（笑）、驚いたことに、いつもに増してビューッと飛ばされてしまった。もう一度、今度は、ってギュッと力を入れてつかんだら、さらに激しくやられてしまいました。……あれにはビックリしましたねえ（苦笑）。「どうなってんだ、先生の足は!?　全然弱ってないじゃないか！」って。

――うーん（驚）。……ふつうじゃ考えらんないですよね。現象だけ見れば、年齢相応の肉体的な衰えが現れてるわけですからね。

木村　だから同じ足なんだけど、フラフラするっていうのと、人をふっ飛ばすほどの技の強さっていうのが、まったく別モノ、ということなんですね。働いている原理の次元が違うといったらいいのか。

伝説の独り稽古

――お話をうかがっていると、圧倒されちゃいますね。逸話のオンパレードというか。でも、そのすさまじさの裏で、佐川宗範はけっして他人には見せなかったという、おひとりでの特殊な鍛錬をなさってたともいわれてますね。

佐川 それはいつもやってましたよ。たしかに、あまり見られたくないようでしたけど。そして、それを毎日日記につけるんです。

——どういったことを書かれてたんでしょう。

佐川 訓練の回数なんかでしたね。何が何回、素振りがどうだとか、棒術をナンボやったとかね。腕立て伏せを1000回やった、今日は2000回だった、と書いてるのもありました。

木村 (佐川先生の鍛錬は)だいたい1000回単位でしたね。実をいうと、僕は2回だけですが、見たことがあるんです。

——そうなんですか!

木村 これはいってしまっていいのかなあ……(しばし考えこむ)。

——ぜひぜひ!(笑)

木村 ……(苦笑)。まだお弟子さんが少なくて3、4人しかいなかったから、僕が入門して間もない頃のことです。佐川先生のお宅の敷地には、日なたぼっこするのにちょうどいいような場所があったんですが、その日僕がいつもより早く稽古に行ったら、なんとそこで先生が、ひとりで何か運動をされていたんです。それが最初。もう一回は、先生のお宅で工事があった時ですね。植木の職人さんがなかなか帰らないのでしびれを切らして、そのままご自分の稽古を始められたことがあって。あとで先生は「彼らの前で運動してやったよ」とおっしゃってました。

——佐川先生はどんな鍛錬をなさってたんですか?

木村 ……。実は、鍛錬について(先生から)うかがったことがあるにはあるんです。でもそれは2人っきりの時に、先生がなにげなくおっしゃったことなんですけどね。

——具体的にはどのような?

木村 たとえば「木刀は本当はこうするんだ」とか……そういったことです。

——……。

木村 でも、考え方が全然違うんでびっくりしましたね。世間一般にあるような鍛錬(の考え方)とはまったく別ものというか。

いったい佐川宗範の肉体に何が起こっていたのか

——といいますと?

木村 やはり合気を磨くことに主眼をおいたものだと思う

んです。筋肉を鍛えることがいちばんの目的ではなくて。
先ほど話題になりましたけど、最晩年の佐川先生は、常識的に見れば、たしかに体が弱ってた。そりゃ95歳ですから。ただ、いわゆる体力は年相応に衰えていったけれど、一方でなにかが著しく強くなっていたのも事実なんです。それだけはもう、間違いない。

——なにかが、ものすごく強く……。

木村　つまり体の中身がものすごく強くなってらした。人間、95にもなれば体の表面にそんなに筋肉なんてついてない。だけど、佐川先生の場合、とんでもなく巨大ななにかが（体の）中に入ってんじゃないか、としか思えないようなことが何度もあって。これはいったい何なんだと。

——？？？　何なんでしょう？

木村　考えたら、この年齢まで鍛え続けた人って、ひとりもいないんだよね。まあ僕が知る限りですけど。

——いえ、私どもが知る限りでもいらっしゃいません（苦笑）。

木村　だいたい鍛錬といっても、若いうちだけなのがほとんどだし、長くやっても95まではねえ（笑）。

——（笑）。しかもその鍛錬の中身がまたすごかった。

木村　ですから先生も「私は、自分の体を使って実験しているようなものだ」と自分でおっしゃってました。誰も知らないような現象もずいぶん起こったそうです。そばにいる機会の多かった僕も、人間のもつ可能性ってすごいなって感じることがありました。

——そして最後の最後まで稽古された……。

木村　亡くなられるホント直前まで、（最期までといっていいと思うんですけど）鍛錬され続けたんです。そのやり方だって、最晩年に至っても工夫を重ねてね。足腰が弱ってくると、蹴りの練習ということで鴨居をつかんでやってみたり、座ってやる方法を考えては試されて……。どんなになっても鍛錬をやめようとはしなかったし、体が衰えてくればそれに応じて、新しいやり方を考案しては鍛えてらっしゃいましたね。

——１００近くなるまでの何10年もの間、佐川宗範は道場の指導はもちろん、日々の鍛錬をも欠かさず行われてきた。その事実だけで驚異的です。その生涯は「一人の人間が、己の人生すべてを使って行った、壮大な実験」といった観もあって、その身体がどのようであったのか、ものすごく知りたいんです。だけど、やられたことがあまりに前人未踏的すぎて、そういう過程を通過した人間の肉体や精神というのがどういう風に変化するものなのか、まったく見当

がつかないんです。

木村 そうでしょうね。佐川先生の場合は、といってもたしかに他にこんな人はいないと思うけど（笑）、いわゆる体は衰えていってるようではあるのに、何かがドンドン強さを増してってる、という現象がおきてたんです。そうとしか思えない……。

――信じる信じないじゃなく、それが本当だとすると、ものすごいことですよ。

木村 ホントですよ。僕自身、すごく驚いたんです。だからこそ、鍛錬っていったい何なんだ!?って、ずいぶん考えるようになったわけで。それでいうとおもしろい話があってね。佐川先生という人は、何に対しても考えておいでの方でね。健康を保つのに「これはこうしたほうがいいのではないか」とか、チョットしたことでも工夫してね。

――佐川先生の健康法というのなら、興味津々です。具体的にはどういうことを？

木村 ある時期は、酢卵でしたね。僕は（味が）マズくてやりませんでしたが（笑）。

――す、スタマゴ？

木村 ええ、酢卵。ある時からやったりやらなかったりで、最晩年にはおやめになっていましたけど（笑）。

――酢卵は合気の役には立たない！（笑）。そういえば、90歳の時に一度心臓を悪くされた佐川宗範が、再検査のため病院を訪れた際、担当医の前で腕立て伏せを150回もやってみせて度肝を抜いたって話は有名ですよね、でも友人などに話しても絶対信じてくれない（苦笑）。

木村 腕立てでいえば、昔いつものように道場にいくと、佐川先生がなにげなく「昨日はお客さんが来てできなかっ

「私は大東流はやってないんです」という廣先生。しかしちょっとやって見せて下さると実にサマになっているのだ！ これで91歳とは…

たから、今日はその分もやっといたよ」といわれた。で、僕もふつうに、何回ぐらい（やられたん）ですか?って聞いたら、「1300回」。

――せ、1300回! ち、ちなみにそれはいつ頃のお話で……（言葉にならず）。

木村 先生が83の時ですね。

――83歳で腕立て1300。あーこれも間違いなく信じてもらえない（苦笑）。

佐川宗範の〝挫折〟、くっつける合気

――佐川宗範は弟の廣先生をお相手に技の研究を行われたお話をしていただきましたが、佐川宗範は奥様をお相手に研究されたこともありました。それは一番身近な人だからというより、女性を相手に技をかけることに佐川宗範のある狙いがあった、と聞いてるんですが……。もしそうだとすると佐川宗範は何を目的としていたのか……すごく知りたいんです。

佐川 稽古相手云々の前に、合気なんですね。

――といいますと?

佐川 兄貴はそれまで、相手にどんな力で腕をつかまれようが合気でもって上げて（崩して）しまう、ということはできるようになってたんです。けれども、こちらの腕をつかんでる相手の手を離させないで、つまりくっつけたままにしておくというのが、まだうまくいかなかった。くっつけとくというのも、相手の腕をこちらがつかまないでやろうというんですから。相手のつかんでる手はそのままにさせといて、投げる。口でいうのは簡単で、これがものすごくむずかしい。普通は離れてしまうんですな。

――だと思います。

佐川 ですから、その当時、離せないようにするにはどうしたらいいのか、と兄貴は一生懸命やってたんです。まあ、その執念たるやすさまじいものがありました。教授代理になるまでやった父ですら「これだけは武田先生以外できないのだろう」といってたのに、兄貴は「いや武田先生も同じ人間だ。武田先生にできて、俺にできないはずがない!」といってね。

――そんなことを! 佐川先生以外にいえない言葉だ……。

佐川 おかげで、私なども「腕をつかめ、つかめ」といわれて、くたびれてイヤになるほどつきあわされて（苦笑）。つかむだけならいいんです、毎回毎回ころがされるのがね……あの時はいいかげん疲れました（笑）。

——大変だったのがとてもよく伝わってまいります（笑）。でもどうしてあえて女性をお相手に？

佐川　それはですね、女性の体が特別だからです。

——なるほ……え、ええっ？

佐川　兄貴がいうには、女の人の体というのは餅のように粘りがあって、くっつける合気の練習をするのに都合がいいんだ、ということでしたね。

——餅みたいだから都合がいい……？

佐川　柔らかいので関節技などが効きにくい。それと男だとすぐ手が外れてしまうのが女性だとなかなか外れないそうなんです。だから相手に離させないようにするにはどうすればよいか、という研究にはもってこいだと。

——ふーむ。

佐川　それで、兄貴は自分の家内（佐川宗範の妻の美代子夫人）を相手にやったんですね。私の5歳年上の姉（タマさん、昨年暮れに死去・編集部注）もやらされてました。

もうひとりの弟

——いつ頃のお話ですか？

佐川　私が10代後半でしたから、兄貴が20半ばから30くらい（注・おふたりの年齢差は7歳）までの間でしょうか。私が20代の頃にはもう兄貴の相手をできる人間がいませんでしたから。

——その時分は、佐川宗範は東京からもどって北海道にいらっしゃったわけですが、廣先生は北大（北海道大学）を卒業されて、上京して早稲田（大学）に通われてたわけですからね。

佐川　私のほかにも弟がいたんですが、兄貴と歳が14、5も離れてるもので、私ほど（兄貴と）親しいという感じじゃなかったんですね。

——佐川宗範にもうひとり弟さんがいらしたんですか。

佐川　佐川正隆（まさたか）というんですがね。木村さんの本（『透明な力』）には出てきませんからご存知ないでしょうな。これももう83、4になります。今はもう引退して横浜にいますが、それまでは三菱重工に勤めてたんです。

——惣角先生の知られざる息子（武宗（たけむね））さんが武田先生そっくりだったように、佐川宗範そっくりだったとか？

佐川　それが、兄貴とは気性も何も、全然正反対の弟でしたね。

——あ、そうですか。

佐川　この末っ子は人なつっこくてね、私と気が合って、

よく映画に連れてったりして可愛がってました。背が高くて、男前でね。若い時分は鶴田浩二に似てると人からいわれるくらい（笑）。
――鶴田浩二！　佐川宗範といい、廣先生といい、佐川ご兄弟は美男系ですよね、いやホントに。

合気を伝える困難、合気を広める無理

――これから合気というものを、どう伝え、広めてゆくお考えなんですか？
木村　合気は、広めようがないんです。というのは、本で書いてもビデオで見せても全部うそに見えるでしょう？　佐川先生が亡くなられてから、映像関係の会社の人がビデオを出しませんかと来られたことがあって、じゃ、まずご

1985 年、東京神田の学士会館にて

自身で技を受けてみて下さいといって、フワーッと軽く何回か倒した。するとその人は「これを撮っても、見た人は誰も信じないでしょうね。たしかに実際やられてみないとわからない……」といって、納得して帰られましたよ。

——何度かやられてみたからこそ理解できた、と。

木村　そう、体験するしかないんです。だけど、1回や2回ではわからない。なんどもなんども体験して、さらに本人も努力してやっとわかる、という次元のものなんです。こちらだって一生のうちに教えられることには限りがある。だからこれ（合気）を広く伝えようとしたら、他の武道のように、型とか、形式的にお互いに協力して技をかけあう、というようなやり方以外、無理なんですよ。でもそれをやった時には、消えてしまう。本当のものを正しく伝えるには、模範を見せて「ハイ、どうぞ！」といったやりかたでは無理があるんです。

——無理がありますか……。

木村　少なくとも、合気を伝えることは絶対に不可能です。直接教えることが絶対条件なんですから。ですからもう私の中では、これはもう無理だ、縁のあった人だけでやるしかない、って感じなんです、正直いうとね（笑）。

——そ、そんな。教えることにはあまり希望的観測をされてない？

木村　特にいまは大学の仕事が忙しいですからね。10年後に定年になったら小さな道場でも持つかも知れないけれど。それでも本当のものを求める人には今でも体験してもらってます。これは佐川先生も武田先生もそうだったから、同じようにしてるんです。「（口先だけで）実際に技をやってみせることができないようではダメだ。武田先生も私も、いつでもどんな相手でも、来たらすぐにやって（相手をして、倒して）しまうよ。そういうものなんだ。それが大事なんだ。それができないのに、口でいうばっかりで、なんだかんだとごまかすような奴はダメなんだ」。佐川先生はこのようによくおっしゃいました。だから僕も同じように、どんな人が来てもやってやるぞ！って気持ちでやってますけどね（微笑）。

——でも佐川先生と同じようにやるといっても、実際大変なことですよね？

木村　ドイツで会った巨漢も、最初の頃は何をしてもびくともしなかったけど、研究を重ねて5年たったら必ず倒せるまでになった。彼はショックを受けてたようだけど……。

——……。

木村　でもね、万が一、技が効かない人がいたとしても、そこからまた工夫、研究して、進歩していけばいいことでしょう。人間、守りに入るとそこで進歩はストップする。その方がよくないことです。

――佐川先生も同じような言葉を残されてます。

木村 そうなんです。佐川先生は、これでいいと満足されることが決してなかった。「何ごとも完全というのはないんだ！ そう思ったらそこでその人の上達はとまってしまう」「どんな高い段階に達しても、これでもう自分は（十分に）達したのだ、と考えたなら、（その時点で）何の価値もないんだ！」とまでおっしゃってね。

――さらに、それに実践がともなってたわけですよね……。もっともっとお話をお聞きしたいんですが、残念ながら時間となりました。本日は、長い時間、本当にありがとうございました。■

松田隆智師範に聞く／『秘伝日本柔術』著者

不世出の武術家、佐川幸義宗範の〝発掘者〟が話す

天才の素顔

聞き手◎城澤竜哉

「先生がそこまで話すなんて」と驚かれたり……

　僕が佐川先生の元へ初めて行ったのは高校を卒業したくらいの時だった。その頃の稽古は午後からの昼の部と夜の部の2回だった。午前中は先生自身の稽古をされるからね。しかし、どちらも練習に集まる弟子は2、3人がいい所で、ひどいときには僕一人ということも多かった。その頃は、練習も初めから終わりまで先生が見てくださっていた。30分も教わっていればやることがなくなってしまうんだな。だから、先生の機嫌のいいときには、いろいろなことをやってみせてくれたりしたんだ。先生が御自分で独自に続けられていた鍛練も、そういう機会に部分的に見せてもらったり、話を聞いたわけだ。

　鉄の棒での素振りのやり方とか、「四股をやってみなさい」というのでやったら「そこをもっとこうしなさい」とか。あと、これは一時、秘伝となって詳しく説明されなくなったのだけど、体捌きのやり方など畳に筋がつくくらいやった。その頃は本当にアットホームな感じで教えてくれていた。

　当時のお弟子さんたちには学校の教師など固い職業の方がほとんどで、武術にのめり込んでいるような人は少なかったので、僕のようなタイプは珍しかったようだね。それで先生も気に入ってくれていたのかもしれない。田口さんや矢島さん、内野さんなど30年以上通っている古いお弟子さんたちとは今でも親交があるけれど、そういう人達に

「先生からこんな話を聞いている」と話すと、「先生がそこまで話すなんて」と驚かれたりしたよ。

佐川先生は「合気の体を創れ」というのを非常に強調されていた。これを創らなければ、どんな技を習っても使えない、と。結局、先生自身もそれで悩んで、受身をバンバンとったり、四股を踏んだり、木刀を振ったり、体捌きを繰り返すなど、いろいろな事を試されたのだと思う。総合的な武術の鍛練で培われた力だね。75歳の時にお聞きした所では、それまでに休んだのは3日だけだと言われていた。「大東流だけをやっている人間は足腰が弱い」とも言っていた。逆に、御自分でいろいろ工夫してこられたので、(何をどう鍛練すべきかなども) 抽象的にしか話せなかったのかもしれない。

小さい頃から剣術が本当に好きだったので、それが役立ったとも話されていた。僕は、先生は甲源一刀流をされていたと聞いているが、勿論、小野派一刀流や新陰流など、総合的に随分研究されたらしい。実際、僕もそれ以前にいろいろと剣術の先生に習っていたので、それで非常に好感を持ってくれたようだよ。僕が柳生新陰流の柳生厳長先生の所や鹿児島の示現流を習いに行ったことを話すと、ものすごく喜んでくれたのを覚えている。

とにかく先生はすごい研究家で、書斎というか奥の部屋一杯に本が置いてあって、それらにいっぱい書き込みがされていた。練習の後に「まぁお茶でも飲んでいきなさい」となって「これ、見たことあるかね」と。空手からボクシングの本まで本当にいろいろな本が置いてあった。突きに関しても「やはりねじりがなければいけない」とは言われていたが、「空手の突きは据え物斬りだからダメだ。ボクシングの方が科学的だ」とも言っていた。40年くらい前に、すでにそんなことを言っていたんだ。そういえば、佐川先生も「実戦になれば突き蹴りだね」とは言われていた。

やってみせはしなかったが道場にサンドバッグもあったので、ご自身ではやられていたのかもしれない。先生の合気拳法もわずかながら見せていただいたが、その中での印象では肘打ちが多かったように思う。やはり接近戦の中での突き蹴りを考えておられたのだと思う。

佐川先生はTVなどでボクシングを見るのも好きだったが、相撲は特に好きだったね。昼の稽古は2時~4時までだったけど、ちょうど終わるのが相撲のTV中継が始まるころだった。よく「一緒に見よう」ということになって、「今のはこうすれば良いのに何でやらんのか」「君、判るだろ」などと言われるけど、「判りません」というと「何で判らん!」と怒りだしてしまうんだな（笑）。先生は普段は芸術家のような雰囲気で物静かだけれど、本当は気が短くて、怒るときはまさに爆発するように瞬間的に怒る人だった。

並んで見ていて、座ったまま「押してみなさい」となって、そこでまたいろいろな技を教わった。こうした経験などから、人間が力を発揮する際の死角などをある程度知ることが出来て、それがその後の僕（の武術修行）に生きている。佐川先生は、「気」だとかオカルト的なことはいっさい言わなかった。あくまで鍛練であり、科学的な分析をされていた。そこが他の師範などと比べても信頼できた。

惣角についての話はすべて印象的

武田惣角についても、いろいろな話を聞かせていただいた。特にどの話がということはなくて、全部が全部印象的な話だったよ（笑）。佐川先生は、惣角は字が書けなかったとは確かに言われていた。佐川先生のお兄さんだったかも代筆をやったことがあるらしい。佐川先生は午前中の鍛練が終わると風呂に入って午後の稽古に備えるが、これは惣角もそうだったようだ。稽古や講習会の前には必ず「風呂を炊いておけ」といって、昼間でも稽古の後は必ず風呂に入ったと聞いている。佐川先生は惣角が鍛練をしているところは見たことがないと言われていたが、「一度だけ、薪を吊るして木刀で叩いているところを見た」くらいだと言っていた。

佐川先生の武器術に関する逸話というのはほとんど見聞きしていない。合気二刀術はあるが、やはり先生御自身は一刀が好きだったように思うよ。剣道の五、六段の人が入門してきたときに、真剣で教えようとしたら恐がってダメだったという話は聞いている。他には、「突いてくる相手の刀に合わせて、剣先をそらせながら刀を突き込んでいく。それには、相手の心が読めないとダメだ」というような話などは聞いている。あと、槍の扱（しご）き（素振り）は鍛練の中のひとつに入っていた。

確かに佐川先生は人物の好き嫌いには激しいところがあったけど、礼儀を弁（わきま）えているとか、ちゃんとした人生を歩んでいるかなど、常識的な判断をされていただけだったと思う。とにかくキチンと挨拶の出来ない人間は物凄く嫌っていた。

僕が『秘伝日本柔術』（新人物往来社刊、一九七八年）で佐川先生のご協力をいただけたのも、一言で言えばそれだけ信頼してくれたということだろうね。知り合って15年

佐川宗範を世に知らしめる端緒となった『秘伝日本柔術』

ほどたっていたけれど、その間を見ていてくれていたということだと思う。あの時に、出ししぶりはまったくなかったし、むしろ喜んでくれていたと思っている。でなければ、玄関払いだよ。

あの本の企画は当時、自然発生的に持ち上がったものだった。当時から僕の武術のテーマは「当身」だったわけだけど、それを軸として一応、歴史的にも順序立てた構成を考えてああいう作りにしたんだ。柔術の源流として竹内流を頭に柳生心眼流、諸賞流ときて最後に大東流合気柔術としたのも、「合気」という考えが出たことが日本柔術の終着点となったのかと当時考えたからだった。勿論、これだけの技術が埋もれてしまうのは勿体ないという気持ちもあった。

『秘伝日本柔術』撮影秘話

掲載されている佐川先生の写真撮影には立ち会っていなかったけど、あの「胴上げの合気極意」（佐川師範が四人の弟子に抱え挙げられた状態から合気によって一瞬の内に四人を潰してしまう技術。合気の不思議な技術を印象づける、衝撃的な初公開であった）も撮影中に「昔、武田先生がこういう演武もされた」ということで、「では、やってみようか」となって撮影されたものだった。あの時、受けの一人だった高橋さん（高橋賢氏。竹内流柔術研究の第一人者としても著名）に聞いたところでは、先生のお尻が真下の人間のミゾオチにちょうど当身を食らわすようになっていて、先生が立たれた後もしばらく動けないと言っていた。

佐川先生は17歳で合気が分かったと話されているけれど、本当に分かったのは70歳ごろだったというね。僕が先生に初めてお逢いしたのが先生の50代半ばの頃で、それから60代にも、70代でも習って、「先生に初めてお逢いして、あれで武道の力を信じられた」と話したときに、「いや、あの頃はまだまだだった。随分あとに、本当のことが分かったんだ」と言われていた。古いお弟子さんに聞いても、悟る前の先生の技は痛かったが、悟った以後は痛いと言うより何か真空状態のようにフワァ〜と投げられてしまうと話していた。「力を抜かれてしまう」と言っていた人もいた。

本当に先生の技は「腰に乗った」あるいは「足を払われた」という、いわゆる「投げられる」というイメージとは違うものだった。距離感やタイミングが全部狂ってしまって受身がとれないいんだな。自分がその瞬間、どういう状態になっているか分からない。佐川先生の通夜の席で木村さん（編集部註：前出の木村達雄氏）に聞いたのだけど、お亡くなりになる前日にもすごい稽古をされて「いつになくちゃったのかと思った」と話していたけれど、先生ならあり得ると思うよ。

東京・吉祥寺の喫茶店にてお話を伺った

僕は結局、三元（佐川道場における稽古段階）までと初伝の太刀を直接先生から習ったまでだったけど、佐川先生と出会えたことで昔の達人というのが今でも本当に存在しているということが分かった。その発見によって、そうした価値観を持たせていただけたことが、僕にとっては一番大きかったと思う。僕が佐川先生と出会った意味は、そこにあったのではないかと今では思えるよ。■

松田隆智師範が語る／卓抜した技を支えた不断の稽古

生涯鍛錬・功夫の人 佐川幸義宗範

取材・文◎『月刊秘伝』編集部

88歳で腕立て300回!!

佐川幸義宗範について、今さらクドクドと説明する必要はないだろう。大東流合気柔術を世に広めた武田惣角師の直伝を受けた宗範は、早くからその根本的技術である「合気」に気づき、1998年、95歳で逝去されるまで他の追随を許さない精妙な技術を発揮した武術家として、日本武術史にその名をとどめている。

宗範門下の最高位である十元を後に許された木村達雄師範が著した『透明な力　不世出の武術家佐川幸義』（講談社刊。1995年初版）で、

「佐川先生は現在九十二歳を越えていらっしゃるのですが、その技の切れ、威力は衰えることを知らず、まさに驚異的です。これは『合気』といわれる敵の力を抜いてしまう体の内部技術によって可能となります。合気とはつまり、相手の状態をすっかりダメにしてしまう瞬間の技術で、このあとは相手が抵抗力をすっかり失ってしまうので透明な力で自由に技をかけるというものであり、従来の武術とは全く発想が異なるのです」

と語っている。こうした独特な力を発揮した佐川宗範が、その晩年まで欠かさずに続けていたと言われるのが、独自に工夫した自己鍛錬の数々である。

生前、マスコミ嫌いで知られた佐川宗範を世に紹介した一人である作家の津本陽氏は、武術雑誌のインタビューに応えて、

「（佐川宗範の技について語った後）しかし先生御自身は『私がこういう技を使えるのは一人稽古をずっと欠かさずに基礎体力を養ってきたからだ』と言われる。この一人稽古は不可欠であると言われます」（福昌堂刊「極意」1997年創刊号）

と語られると共に、佐川宗範の体力を示すエピソードを披露している。それによると、当時88歳の佐川宗範に心筋梗塞の症状が顕れたため、医師の検診を受けた際、「負荷テストをするので、ちょっと運動してください」という医師の指示に、佐川宗範はその場で腕立て伏せを300回（！）行い、周囲を驚かせたというのだ。

佐川宗範はその自己鍛練を最後まで秘密にして、周囲の者に見せることはなかったという。そのため、佐川宗範が実際どのように自己鍛練を行っていたのかは、今となっては分からない。しかし、宗範の教えを受けた少数の方々によって、その片鱗を伺い知ることはできる。そのお一人であり、著書の『謎の拳法を求めて』（東京新聞出版局刊。1975年初版）と、続く編著『秘伝日本柔術』（壮神社復刻。初版1978年）で、佐川宗範の存在を広く世間一般に知らしめ、後の武術界にも多大な影響を与えた松田隆智師範に今回改めてお話をお聞きする機会を得た。

驚くべき佐川宗範の足首の太さ！"神業"と呼ばれたその技の数々は、不断の鍛錬が創った肉体に宿っていたのだ（写真提供◎高橋賢氏）

松田師範は本誌でもご紹介したように、現在、突き（沖捶）一千万回行の悲願を目標として毎日数千回の突き鍛練を続けられているが、これも佐川宗範の長年に渡る自己鍛練の実践から触発されたところは少なくないようだ。その点では、松田師範もまた、佐川宗範の遺伝子を受け継ぐ武術家の一人である。以下、佐川宗範の鍛練についてお聞きすると共に、松田師範の本門である中国武術の観点から、日本武術の中ではあまり明確に認識されていない「修練の蓄積による身体能力的な力量」、すなわち中国武術で言うところの〝功夫〟の実態について、インタビューを試みた。

鍛練の量が飽和状態となって質がかわる

――松田先生が佐川先生の自己鍛練についてお聞きしたときは、13種類あると言われたそうですね。

謎に包まれた佐川宗範の稽古風景

もはや伝説として語られるのみとなった佐川宗範の稽古。卓抜した神技は基本稽古の繰り返しの上に成り立っていた。

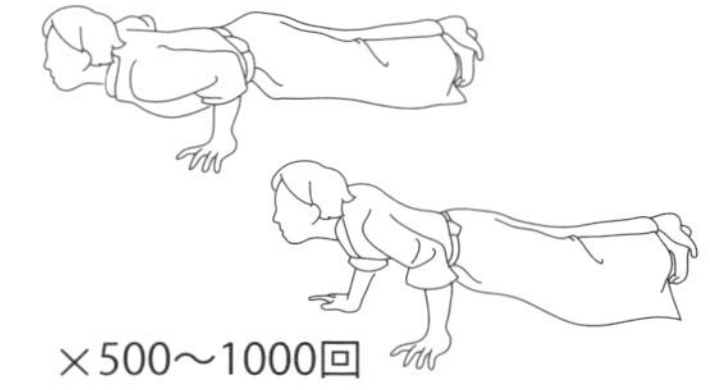

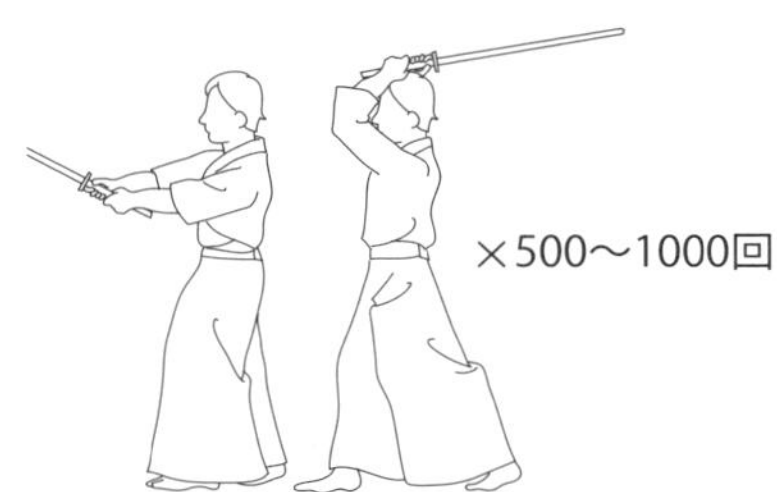

その他10種類以上を各々500〜1000回……
※各図版はあくまでイメージです

松田 そう。その後もどんどん増えていって、85歳のときには20種類くらいに増えていたようだ。

——その内容で、ご存じなのは?

松田 四股(しこ)を踏む、体捌きとそれに伴う突き、腕立て伏せ、木刀(振り棒)の素振りと槍の扱(しご)き……かな、後は知らない。どれも500〜1000回で、先生の稽古日誌を見せていただいた時には、体捌きは3000回など1000単位が多かった記憶がある。それを毎日欠かさず、皆が通ってくる前の午前中に済ましてしまわれる。道場にはサンドバッグがあったのだけど、それを突いていられたかは知らない。柱の低い位置にくくりつけられていたので、あるいは蹴りの稽古もされていたのかもしれない。最後にお会いした86歳の時に見せていただいた演武でも、倒した相手のちょうど顔面が先生の足の前に来るように極め落として、蹴りを入れる形をやられていた。

——四股については、木村達雄先生が雑誌のインタビューに応えて、入門当初に海外へ出張しなければならなくなった時に、佐川先生へ一人稽古する上での鍛え方を聞いたところ「四股を毎日1000回踏みなさい」と言われて、やり続けたそうですね。

松田 佐川先生は、大東流をやる人の欠点は足腰を鍛えていない人が多いことだと、とにかく「足腰を鍛えなさい!」とはおっしゃっていた。四股や、腕立て伏せもそうだと思うけど、足や腕だけを鍛えるのではなくて、全身のバランスを同時に鍛えていたのだと思う。それが、槍や木刀の素振りにもつながるんだ。体捌きも両足がベタ足ではなく、常に薄い紙一枚分ほど踵を浮かせることを強調されていた。動きとしては中国武術でいう反三才歩（前足の横へ後足を進め、90度向きを換えながら前足を、進めた後足の後方へ引く）に近いものだ。この体捌きは僕の入門当時、毎回稽古のはじめに行われていたのだけれど、後年は容易に教えなくなったらしいけど。

　ただ、そうした鍛練の重要性について一般の道場生には何も言わないね。むしろ、こんな話もあって、ある若い道場生が四股がいいということを漏れ聞いたんだな。それで、稽古の前に道場で四股を踏んでいたそうだけど、佐川先生がそれを見咎めて「何をしているんだ？」と。「はい。四股がいいと聞いたものですから……」と答えたら、「そんなこと、百害あって一利なしだ。やめなさい！」と叱られたそうだよ（笑）。昔の（武術の）先生にそういう人は多いけれど、自分の意に沿わない者には本当のことは教えないところがあるからね。

佐川宗範が最後まで振っていた振り棒（写真提供◎高橋賢氏）

——以前、本誌で佐川道場最古参の田口鐵也先生や十元師範の内野孝治先生と対談いただいた時には、田口先生から受け身でも大東流独特の小手の形を作って、バンバン受け身を取って鍛えるように指導されたと話しておられますね。

松田　そうやって受け身や木刀振りをバンバンやって、「合気の体」を作らなければいけない、というのが佐川先生の教えだった。「合気の体ができなければ、いくら技を学んでもダメだ」とね。僕は入門前に新陰流の柳生厳長先生を訪ねたり、鹿児島へ示現流を学びに行ったりして、当時も木刀の素振りは続けていたから、入門当初にそのことを話したら非常に喜んでもらえたものだ。

——足腰の鍛練ということでは、膝行もそうした訓練になるのではないでしょうか？

松田　佐川道場では膝行はやらなかった。もっとも佐川先生が畳に坐る時には、正座以外はされなかった。武田惣角が胡坐を嫌ったから。

　佐川先生がどういう基準でそれらの自己鍛練を選んで、どのような工夫を加えたのかは分からないけれど、先生自身にもおそらく確信があったわけではなかったのだと思う。ただ感覚的に〝これが効果がある〟と思ったものを選んでやっていたのだと思うよ。何度かそのようなことをお聞きしている。とにかく佐川先生は研究熱心で、ボクシングや相撲などの動きや対処方法なども研究されていた。「どのようにしたら合気の体はできるのですか？」とお聞きしたときにも、「自分で色々やって考えなさい」としか言われなかった。

――佐川先生の体付きはいかがだったのでしょう？

松田 裸を見たことはないけれど、見た目は華奢だったね。しかし、あれだけ鍛えていたのだから、きっといい体をされていたんじゃないかな。

先生が鍛えていたというのは、単に筋力を増すとか、見た目の問題じゃなくて、まさに〝功夫〟の人だと思う。功夫という概念は日本武術でそれを明確に示す単語がないけれど、パワーや威力というだけではなく、そこに「年季」とでもいったものが入っている。例えば、竹細工を作る職人や、現代でも下町の旋盤工など名人といわれる人が、物差しなどを使わずに1ミリの誤差もなく正確に仕事を仕上げるけど、あれこそ功夫が高いということだよ。

最後にお会いしたときにお聞きした話では、自己鍛練についても「もうやらなくてもいいんだが、クセになってしまった。やらないと飯がまずいんだよ」とおっしゃっていた。だけどそれは先生のように〝やった人〟だから、はじめて言えるんだね。鍛練の量が飽和状態となって初めて質が変わるんであって、その「量」をやっていなければ支える土台がないわけだから、功夫ともならない。佐川先生が作った「合気体操」という基本訓練法があって、僕も半分くらいまで図にして残しているけど、それなどは

師・佐川宗範について語る松田隆智師範。師範もまた“突き一千万本”を志し、朝夕毎日欠くことなく一人突きの稽古を行う“功夫”の人だ。本来の鍛錬とは、肉体を通して自分を問う作業なのかもしれない。そしてそれこそが“功夫”を養うのだ

あくまで佐川先生の結果なんだよ。結果だけをもらって同じ事をやるだけでは、適性も経験も違う者が同じ境地に辿り着けるわけがない。どういうプロセスを経たら、そこへ行けるのかを考えないと。

——佐川先生が「自分で考えて工夫しろ」とおっしゃったのは、それが自分の中から答えを導き出さなければ意味のない部分だから、ということもあるようですね。

佐川先生の鍛練には、日本の体術を主とする武術家としては珍しく槍の素振り（扱き）も含まれていますね。松田先生も本年（２００６）初夏の呉連枝老師（呉氏開門八極拳第七世宗家）との交流から、改めて槍法の本格的な伝授を受けて、現在も槍法を稽古に取り入れていらっしゃるとお聞きしますが……。

松田 中国武術では武器（兵器）は手の延長とされるけど、その中でも槍は「兵器の王」とされるもので、「拳を学んで大槍を習らわざるは、半端拳士」とも言われている。特に八極拳では開祖の呉鐘をはじめ李大中や李書文など、歴代の名人は一方で「神槍」と讃えられる槍の名手が多かった。六合大槍は3メートルを越す長大な槍だけど、すでに槍を持って合戦をするような時代ではなかった李書文が、それでも槍を大事としたことからもその重要性は伺えると思う。一方では「身体不整、用槍校」とも言われて、拳法の練習でスランプに陥ったときなど、槍を練習することで身体を整える（校正する）ことができるという諺もある。槍はまさに全身の協調運動で、長大なものは動作は単純にならざるを得ないけれど、それだけ足腰が弱かったら一つも出来ない。特に、螺旋の動きを体全身で表現する素地を作ることは重要だよ。

功夫を養う稽古

松田 功夫を養う上で、最後に問題となるのは「意識（意）」なんだ。中国武術では「気」を大切にするけど、これは意識によって動くエネルギーだと思えばいい。つまり、「心」というものは動かなければただ「心」のままだけど、稽古や実際の戦闘をすることで「心」は「意」を生じて、「意」が「気」というエネルギーを使って「力（威力・功夫）」を導き出す。

さらに、これが究極的に深まった状態が、形もなく意識もない状態。この状態で「奇を見る」と言うんだ。意拳の王薌斎は、これを「有形有意皆幻、意到無心始見奇（有形有意は皆幻、意は無心に到り、はじめて奇を見る）」と表

合気槍術“突き裏払い突き”を示す佐川宗範。宗範は、亡くなる直前まで修錬を怠らず、老化によって身体的な条件がますます悪くなっても、“いまこの瞬間”に可能な鍛錬法を考案しながら日々実践されていたという（写真提供◎高橋賢氏）

現している。つまり、「狙ったところへ百発百中」になったとしても、その「狙う」意識があるかぎり相手に反応しているこことに変わりなく、より功夫を積んだ者には敗れてしまう。この狙う気持ちが消えて、まったくの白紙の状態でなお反応できるのが、すなわち「奇」なんだね。あるいは「あなたが動けば我は動いている。あなたが打てば、我は打ち終わっている。不招不架就是一下（技も術もなく、一瞬で終わる）」ともいう。

功夫の上達というものは、最初は漠として散漫な状態にあるものを、修練を重ねることで集中して密度の濃いものにしていく。その状態から、極限に到達すると再び拡散に戻す。進歩を縦軸として、時間経過を横軸としたグラフの場合、ある高さでしばらく横線が続いた後に、突然一段階高いレベルへと跳ね上がる。そんな繰り返しが功夫を高めていくのであり、それを三次元的に見ると螺旋状に上昇していく形となるんだ。武壇の劉雲樵先生は「馬歩や弓歩は基本の力学を身につけ、理解させるものだが、実戦ではそれにこだわることはない。しかし、馬歩・弓歩から入らなければ武術ではない」と語っていた。徹底的に集中ができたから、ある時点でそこから解放されて、どこでも自在に集中できるようになるんだ。僕は八光流柔術を学んだときに、武術で求められる真の脱力というものに気づくことができて、そのことにもようやく実感がもてた。

――佐川先生は午前中という短時間で数千回におよぶ鍛練をこなしていらっしゃったわけですが、松田先生も何千回と突きを繰り返す中で、時間が短縮した感覚を実体験されていますね。

松田 それまでの経験ではあり得ない短時間で出来てしまったことがある。功夫を積むと通常とは違う時間、空間に踏み込むことがあるのではないかと考えている。こんな例え話があるけど、「ボールに満たした水にただウドン粉をいれても拡散して表面に浮かぶだけだが、これを練れば両者が融合して、練るほどにウドン粉でも水でもない、粘りを生じた第三の物質になる」というのは、功夫の効果をよく表していると思う。

――功夫を養う〝目的意識を傾注した筋肉〟の養成が、武術にとっての筋力鍛練に他ならないわけですね。

松田 佐川先生もその繰り返しで、いつしか表面的な筋力とは違う力が出てきたことに気づいて、それを「透明な力」と仮に名付けたのだと思う。「天才」というのは〝人並み以上の努力をやり通すことができる人〟ではないかと、この頃つくづく思うよ。■

対談／小原良雄×塩坂洋一・佐久間錦二

追想 佐川道場の日々

聞き手◎野村暁彦

小原師範入門がキッカケの昇段規定

塩坂　まずは小原さんが佐川道場に入門された経緯からお話いただけますか。

小原　私は定時制高校に通っていたのですが、大学に行きたいなと思って、全日制の高校に入り直したんです。ですから昭和44年（1969）に高校を卒業したときには21歳でした。

高校在学中から田口（鐵也）先生が勤めていた都立南多摩高校の雑用などをして働いていたんですが、そのとき既に佐川道場に入門していた田口先生から「小原君、やってみないか」と勧められたんです。

——それまでに何か武道は経験されていたのですか？

小原　いえ、私も武道は好きでしたが、子供の頃から貧乏で、道着も買えないし、道場通いなんて無理だろうなと思っ

ていましたから。

――武道以外のスポーツのご経験は？

小原　スポーツにしても、例えば野球なんかはグローブを持っていないと仲間に入れてもらえないんです。だからお金のかかるものは、なるべく避けてきました（笑）。ただ学校に行けば、当時は相撲なんかは遊びの中で流行っていましたし、家に帰ってからも近所の子を集めて柔道の真似事とかね。

――ガキ大将だったんですか？

小原　いえ、私はツルむのが好きではなくて、どちらかと言うと一匹狼的というか、狼でもないのにね（笑）。今でもそういうところがあります。

貧乏でしたから、色々と嫌がらせしてくるのがいたんです。私は体は小さかったけど、殴られたりしても言うことは聞きたくない。だから強くなりたいと思ったんです。でも棒を持つのは嫌でしたから、剣道はやりたくなかったですね。やるなら素手でやれるものがいい。相撲なんかはそうですね。

当時の子供たちは、その辺で相撲取って遊んでますから。相撲は結構やったんです。自分より大きい人とやるんですが、私がやろうと言うと、みんな逃げちゃうんです（笑）。

昭和 63 年（1988）1月 10 日の道場開きにて。前列向かって左より高橋賢師範、相澤則行師範、小原師範、田口鐵也相談役師範、佐川宗範、一人おいて木村達雄師範、内野孝治師範、矢島啓幸師範。三列目向かって左より二人目に佐久間師、その隣に塩坂師。佐川宗範亡き後、その教えを守る錚々たるメンバーがそろっている（写真提供／塩坂洋一氏）。

それから空手家の大山倍達という人がアメリカから帰って来て、先輩がそこの道場に通っていたんですが、当時は空き家がいっぱいありましたから、私も空き家の壁をぶち抜いたり、瓦を割ったりしていました。だけどあの頃の瓦は結構固くて、まともな瓦なんか叩いたら大変なことになります。私もガングリオン（結節腫）か何かで手が腫れてしまって、放っておけば治るだろうと思っていたら、なかなか治りませんでしたね。

そんなところに田口先生から佐川道場を勧められたんです。大学を受験したいから受かるまでは無理だと言ったら、「仮に入りなさい」なんて言われまして。

塩坂　田口先生は確か昭和33年（１９５８）に入門しているはずですから、当時既に10年以上やっていたときですよね。

小原　そうですね。私もやりたかったし、たまたま身近にそういう人がいて熱心に勧めてくれましたから。でも当時の月謝が５００円だったんですが、それが払えないんです。ところがそれも免除してくれると言うんですよ。

最初は受験があったので定期的には通えず、行けるときに行くという感じでしたから、実際に入門したのは昭和44年なんですが、門人証は昭和45年（１９７０）からしかないんですよ。その前の記録がないんです。私もこんなふうに取材に応じるために生きてきてはいませんから、メモも何もないんです（笑）。

私が入った当時は、初段の黒帯を取るまでに5年も6年もかかるのが当たり前だと言われていたんですが、「君のために特別な課程を作ろう」ということになって、それで1年で１２０回稽古をすれば初段という基準を作ったんです。

塩坂　我々のときは1年１２０回以上が初傳初段への基準となっていましたが、あれは小原さんがきっかけとなって出来たシステムだったんですか。

小原　多分そうですね。

塩坂　それが昭和45年ですか。

小原　そうです。昭和45年の5月からですね。

塩坂　なるほど、それは初めて聞きました。

昭和50年前後の佐川道場

――最初に佐川先生にお会いしたときの様子はどのような感じだったのでしょうか？

小原　住所は聞いていましたので佐川先生のお宅を訪ねて

いったのですが、玄関先にあった看板が真っ黒で読めないんですよ。

障子が開いて、セーターにカーディガンか何かを着た佐川先生が出てらして、「田口先生の紹介で」と言うと「あ、聞いてますよ」と、普通のおじさんだなという印象でした（笑）。

塩坂　応対がすごく丁寧なんですよね。

小原　そうなんですよ。ただ手が大きくて手首が異様に太いんです。それから腰から腿の辺りがすごく張ってて太いんですよね。

私は武道は好きだったけど、どこかに入門して習ったことがなくて、習い方も何も分からないから、非常に失礼なことも多かっただろうとは思いますが、普段はとても穏やかな方でした。

塩坂　そうですね。だから怒気を発するときの、そのギャップが凄かったですね。

小原　ある程度信頼してくると、心の持ち方が厳しくなるんですね。ですから中途半端でいるときには、あまり文句は言われないんですけど、だんだん道場にとって大事な門人だということになってくると、その辺の価値判断が厳しくなってきます。いずれにしても、あの当時は武術家というような武張った感じではありませんでした。

当時は人が少なくて、稽古に来るのは一人か二人というときもありました。でも一人のときは、先生に直接お相手して頂けるので、ある面ではいいこともありました。待っていれば何かあるかなと。

塩坂　すると昭和50年代前半の頃というのは、一般稽古でもまだ佐川先生にマンツーマンで稽古をつけて頂けるという環境があったということですね。

小原　確かにそうですが、待っている時間の方が長かったですよ（笑）。一人でトレーニングしながら、まだ来ない、まだ来ないって1時間ぐらい待っていると奥から出ていらして、ちょこっと手を差し出して「ちょっと持ってみなさい」という感じでした（笑）。

塩坂　当時でもそうだったんですか。

小原　そうですよ。

塩坂　私のときも、柔道整復の学校に通っていた頃は12時に学校が終わるから、火、木、土の昼間の稽古には早い時間から出られたんですよ。当時の正式のカリキュラムでは午後の14時から16時が稽古時間だったんだけれども、昼稽古に来られる人は少ないので、他の人は来る時間が段々遅くなって16時から18時とかにずれていったんです。

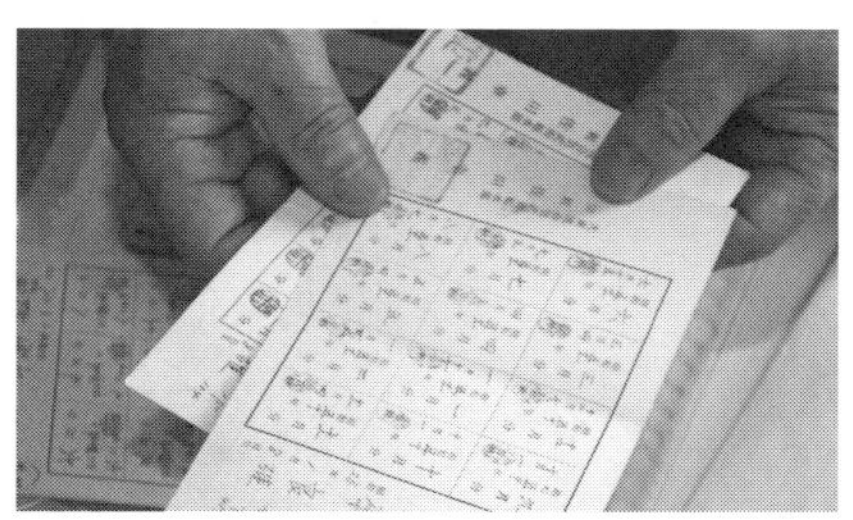

小原師範に御持参いただいた、昭和50年前後における佐川道場の門人証。二つ折りの内側に月ごとの月謝納入日が記入され、捺印がなされている。入門当初は当時の月謝500円も免除してくれたという。

昭和51年（1976）当時の佐川宗範。佐川宗範の御自宅庭にて、当時、東京学芸大学支部合気武道部部員であった小原師範の奥様とのツーショット（写真提供／小原良雄氏）。

だから14時前に行くと誰もいなくて、一人で稽古していると14時半ぐらいに先生が出て来られるんです。すると先生もすこぶるご機嫌のよいときがあって（笑）、そういうときに色々と話してくれたり、やって見せてくれたり、それって本当に貴重で、今になってすごく役に立っています。

小原　結局そういう瞬間が、今になってみれば佐川道場での稽古の大半なんですよ。その一瞬のところが長く続けられた要因かと思うぐらいです。

私が入門したのが、ちょうど先生が68歳のときですね。私が今66歳ですから、間もなくあのときの佐川先生の歳になるんですが、それを思うと改めて先生との大きな差を感じます。

ダントツの存在だった小原師範

塩坂　私が入門した頃の佐川道場は、他の武道をやっていた者には絶対に遅れをとってはいけない空気が張り詰めていて、例えば稽古の中で、佐川道場では相手が技をかけようとするのに対して頑張ってもいいんですが、逆らったら骨を折る気迫でいけとか、今はそんなやり方は受け入れられないけれど、あの頃はお互いに喧嘩稽古になる場合も納

佐久間 錦二
Kinji Sakuma

昭和35年（1960）東京都練馬区出身。昭和57年（1982）佐川道場入門。佐川幸義宗範から特に親しく教えを受けた高弟の一人で、佐川幸義宗範より五元直伝講習を修了。現在は相模原にて、高橋賢師範の元で佐川伝大東流の探究、更なる研鑽に励んでいる。

小原 良雄
Yoshio Ohara

昭和23年（1948）1月8日、神奈川県横浜市出身。浪人中の昭和44年（1969）アルバイト先の夜間高校教諭の田口鐵也師範の紹介により佐川道場に入門。昭和45年（1970）東京学芸大学入学。初傳初段を取得後、総本部直門人としては初めて佐川幸義宗範より道場外支部として、大学内に合気武道部を創設することを許される。昭和54年（1979）に奥傳四段(「代師範」押印)となる。長年の教職者経験を活かし、武道教育の視点から社会生活を営む上で人間性向上を目指す武道のあり方を追求したいと考えている。

塩坂 洋一
Youichi Shiosaka

昭和34年（1959）、神奈川県横浜市出身。昭和52年（1977）松武館道場入門。昭和55年（1980）指導証。昭和56年（1981）佐川道場入門。現在は「合気松武會」を主宰し、松武館伝大東流合気術を中核に佐川伝を融合した合気之術の研鑽を深め、個人教伝を行っている。著書に『合気問答（保江邦夫共著）』。映像媒体では「合気之練体法（1・2）」（いずれもBABジャパン刊）がある。
合気松武會E-mail:Daitouryuaiki@aol.com

得していました。

当時、昼の稽古の責任者は田口さんで、夜の稽古の責任者が小原さんでしたけど、小原さんはやっぱりダントツの存在で、先輩達からも「小原さんに習わなきゃ（本当の凄さが）分からないからね」と言われていました。

私は昼の稽古主体に出ていたので、小原さんは土曜の昼稽古にも来られると聞いていましたけど、ご都合があったのか、入門した当初はなかなか小原さんにお会い出来なかったのですが、先輩方から小原さんに関する武勇伝なんかは聞かされていたので、勝手に大きくて威圧的な方のようにイメージしていたんですよ。でも初めてお会いした小原さんは、背丈は佐川先生と大体同じくらいで、精悍な感じはしましたが、想像していたような強面の人ではありませんでした。

ところが稽古が始まると、もう別格なんです。他の先輩の方々には失礼なんですが、実力が段違いなんです。小原さんにやられたら「ここに力が入ってます」って、指一本で崩されたり、あるいは掌で軽く触れられただけで吹っ飛ばされ、驚愕した覚えがあります。それが一番最初の印象です。

佐久間　私も友人の紹介で佐川道場に入門したんですけど、

「とにかく小原さんの曜日に行け」と命令が下りまして、「行けば分かるから」と言われたんですが、行ったら分かりました。いま塩坂さんの話された通りでしたね（笑）。

塩坂 私の場合はたまたま昼の稽古に出ることが出来たので、佐川先生とマンツーマンで教わる機会も稀にありましたが、先生ご自身が一般の門人がたくさんいる前で、ましてや入ったばかりの白帯の門人相手に技をやってくれるということも普通はないわけですから、小原さんが実質的な師範というか、小原さんに習わなきゃ合気は学べないという……"佐川道場イコール小原さん"といった存在感だったよね。

佐久間 ええ、その通りです。私が剣を習うことを許された際も、最初に小原さんが手の内の手解きをしてくださって、一週間後に佐川先生が同じことを教えてくださったということが今でも印象に残っています。

塩坂 小原さんは謙遜されているけど、佐川先生は、基本的に技は盗んで覚えろという方で、我々はまずは佐川先生の技を見て感じて盗んでいたわけで、まさに小原さんは佐川先生に一番近づいた小原さんからどうやって技を盗むか……と励んだものでした。

佐久間 とにかく、お一人だけ実力が段違いでしたからね。

昭和53年（1978）に刊行された松田隆智編著『秘伝日本柔術』（新人物往来社）で掲載された小原師範の演武。佐川宗範監修のもと、高度なかつぎ技なども披露している。

丹田力を高める稽古

小原 でも、本当はお二人のようにあまり強い人を相手にしたら鍛練にならないんですよ。見えるところも見えなくなってしまうんです。だから、そうでない人を相手にしながら能力を高めていく方がいいんです。

力を入れ過ぎちゃいけない。けれど、いつまでも生半可にやると強さは出てこないから、何回かに1回は頑張るとか、本来それは口にすることじゃなくて、お互いに呼吸で分かるような稽古をしなくちゃいけないんです。

塩坂　小原さんは、受でも打太刀が仕太刀を導くように技は全部受けてくれて、理合いが分かるように、80パーセントから90パーセントぐらいまで技をかけさせてくれるんです。

実際は誘導されているのですけどね。ところが、ここまで行けば普通は極めることが出来るというところがあるんですが、小原さんはそこから先には絶対に行かせてくれないんです。これは、私が相手に思いきり自由に攻めさせて、その全力を肚で柔らかく吸収するように受を取ることで分かったんですが、凄く体が練れるんです。

「技は受けてくれるんだけど、“ここまで行けば極められる”という一歩手前までしか、掛けさせてもらえなかった」と、昔日の稽古の様子を語る塩坂師。

小原　丹田力を高めるには、技をかけるだけじゃなく、かけられるのもいいんです。肩というのは、動かす方向を知ると、ちょっとした動きで〝ここは伸ばすことが出来そうだ〟というのを探っていたんです。この辺を触ると、ふっと力が抜けるとか。ただ、あまり抵抗力がある人にそれをやっても、自分が伸びないのです。出したエネルギーが活かせるような稽古をした方が、私にはよかったですね。

塩坂　そのエネルギーという点で、稽古の特徴的な傾向で分類すれば、私が学んでいた松武館大東流（松田敏美伝）は肩の力を抜く稽古が主体、佐川道場は徹底的な一元（いちげん）による力の出し方と集力の稽古と、対称的でした。ところが佐川先生も色々なところでヒントをくれるのですが、その一つに武術然とした男同士、荒稽古による力のぶつかり合いになりがちな稽古の中で、「肩の力を抜く稽古をしなさい、それには時折〝女性と稽古する〟とよいよ」というものがありました。

要するに力稽古になりがちな男と違い、柔らかい、力みのない女性を相手に対してスーッと持っていく、〝力の通り道を探るような稽古〟もしないと分からないよと。そういうアドバイスを所々でくれるんです。

小原　男同士だとどうしても勝負の気が入って強引にでもやっつけてやる、やられまいと、牛が角を突き合わせたよ

昭和51年、佐川宗範御自宅の庭にて、当時の東京学芸大学合気武道部の面々たちと。小原師範はこの写真を撮っているため写っていない。当時は部員の半数が女子だったようだ（提供／小原良雄氏）。

昭和53年初、甲源一刀流剣術『一刀流兵法十二ヶ条目録』巻物を授与された際、佐川宗範を中心として撮られた集合記念写真。前列向かって右端に小原師範、その隣に田口師範。左端が対談本文にも出てくる若林秀治師範。後列には相澤師範、内野師範、高橋師範など（提供／小原良雄氏）。

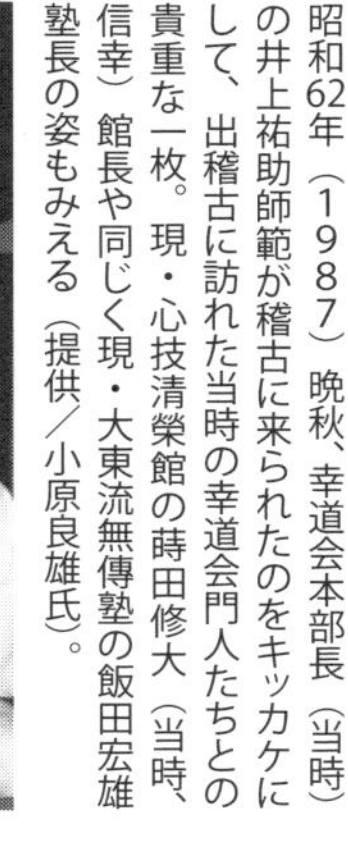

昭和62年（1987）晩秋、幸道会本部長（当時）の井上祐助師範が稽古に来られたのをキッカケにして、出稽古に訪れた当時の幸道会門人たちとの貴重な一枚。現・心技清榮館の蒔田修大（当時、信幸）館長や同じく現・大東流無傳塾の飯田宏雄塾長の姿もみえる（提供／小原良雄氏）。

うな稽古になりがちです。勘違いしちゃいけないのは、出来た、出来ないという尺度だけでものを見るんじゃなくて、何のための稽古なのかということを考えることです。

女性と稽古するというのは、武田惣角先生も奥さんを助教に稽古しておられたとの話もありましたが、それはつまり、女性がただ単に柔らかいからということではなく、昔の人は女性でも武術をやる人は結構鍛えていたんですが、それでも男のような強さや硬さというのはないから、ある面では女性を相手にした方が稽古になるということなんです。

女性の中にはクチャクチャに柔らかい人がいますが、逆にいえば、そういう人や男女問わず気が腑抜けている人を相手にしても武術の稽古にはなりません。クチャクチャに柔らかい人に対して、揚げ手なんかやる必要はないですから。

在りし日の佐川宗範の稽古

——道場での佐川先生の様子は、どのようなものだったのでしょうか？

小原　先生が奥から出てこられるとき、道場の戸を開けても、すたすたと入ってこないで、スッと安全を確かめるようにしてから入ってくるんです。そういう気配りと言うんでしょうか、武道、武術をやる人は、こういうことに気をつけるんだろうなと思いました。それに加えて腕は太いし、脚は太いし……。

佐久間　佐川先生は本当に気配がしませんでしたからね。

塩坂　襖の陰から斬りつけてくるかも知れないとか、そういう色々なことを常に想定していたから、隙のない所作が身についていたんでしょうね。

小原　そうなんです。稽古していても、ふと後ろを見たら、いつの間にかいるんですよね。でも段々とキャリアを積んでくると、今度は先生の視線が背中に突き刺さるように感じられるんです（笑）。その場でやってはいけない技なんかは、すぐに気がついて「あんた、何やってるんだ！」となりますから。

——それは、一般の門人に見せてはいけない技ということですか？

小原　一元の人に対しては一元の技までということで。

塩坂　通常は一元の稽古ですからね。でも小原さんは、スーッと入ってきて三元や五元の技なんかをパッとやって見せたりして、そういう意味でも、我々は小原さんと稽古

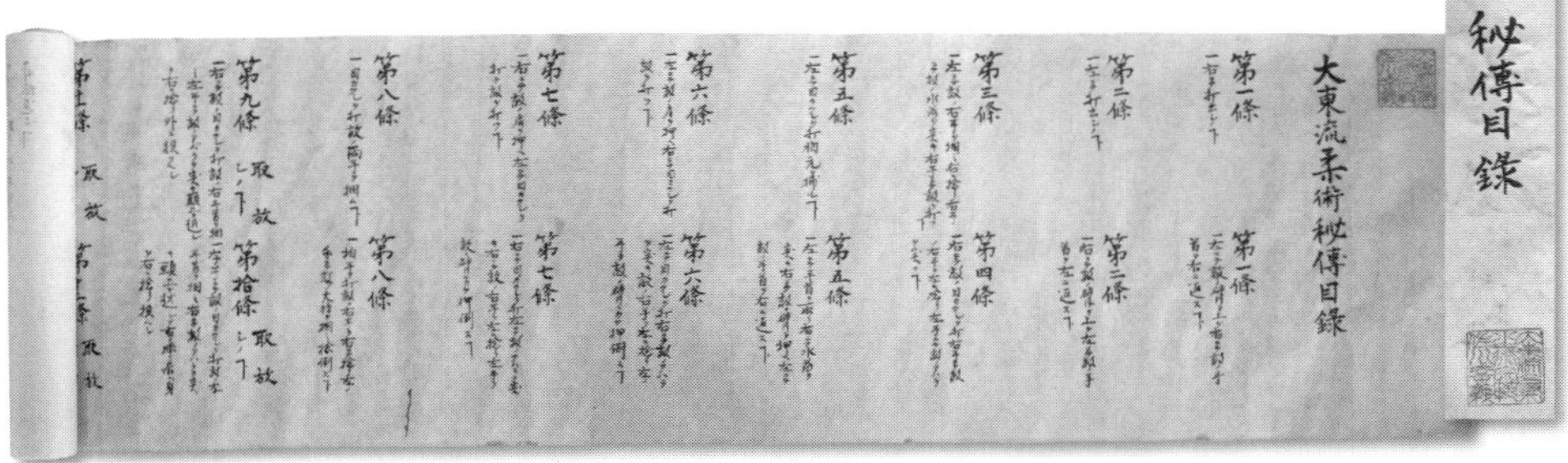
秘傳目録

大東流柔術秘傳目録

第一條　第二條　第三條　第四條　第五條　第六條　第七條　第八條　第九條　第拾條

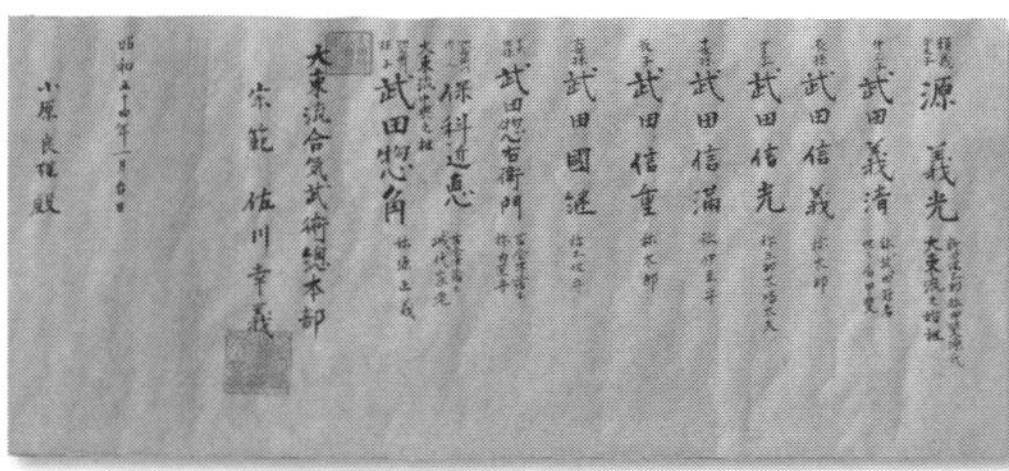
源義光

武田義清

武田信義

武田信光

武田信満

武田信重

武田國繼

武田惣右衛門

保科近悳

武田惣角

大東流合気武術總本部

宗範　佐川幸義

昭和五十四年一月吉日

小原良雄殿

昭和54年（1979）1月、小原師範が「代師範 奥傳四段」免状を受けた時にいただいた、佐川宗範直筆『大東流柔術秘傳目録』の一部。伝系に「保科近悳」が入るなど、独自の興味深い点がある。

上は巻物を包んでいた（左）奉書紙に書かれた「秘伝目録」の文字と印。「大東流合気武術宗範 佐川幸義」と篆書で刻まれている。

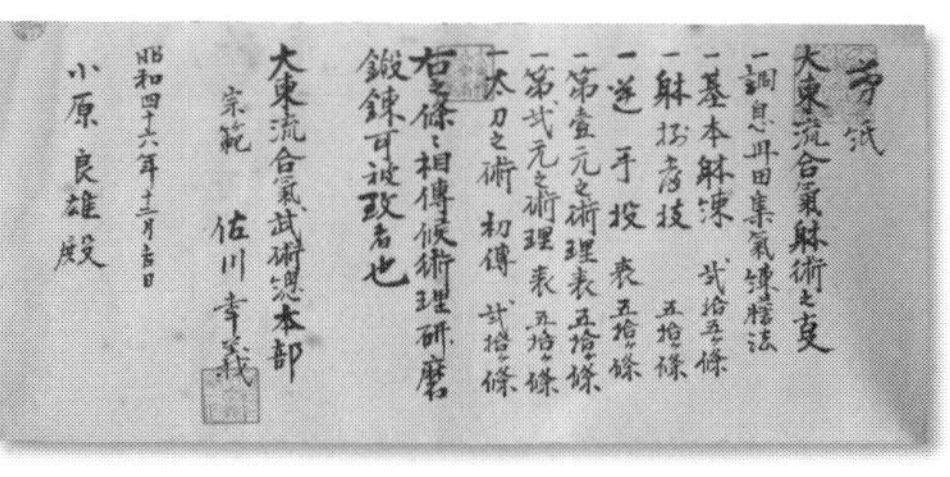
剪紙

大東流合氣躰術之事

一 調息丹田集氣鍊磨法

一 基本躰錬　弐拾五條

一 躰捌当技　五拾條

一 逆手投　表五拾條

一 第壱元之術理表　五拾條

一 第弐元之術理表　五拾條

一 太刀之術　初傳　弐拾條

右之條々相傳候術理研磨鍛錬可被致者也

大東流合氣武術總本部

宗範　佐川幸義

昭和四十六年十二月吉日

小原良雄殿

同じく小原師範が初傳初段を許された翌昭和46年（1971）12月に発行された『剪紙　大東流合氣躰術之事』の許状。大東流では珍しく、縦十数センチほどのかなり小さいもの。以前、昭和31年（1956）の佐川道場発行剪紙を御紹介したが（秘伝2013年4月号）、小原師範の同状では31年のものの「振解当技」が「躰（体）捌当技」となっており、「基本躰錬」「第二元之術理」や「太刀之術初傳」が書かれている。逆に31年にあった「締技」が無くなっている。

するからこそ、見取り稽古でもそうですが、色々と研究できたんです。

――「元」によって、そんなに技が違ってくるものなのですか？

小原　各元に特徴的な技はありますが、使える技というのは限られているんじゃないかと思います。

塩坂　佐川道場には本気で抵抗するとか本気で崩しに行くとか、そういうシーンが常にあるわけだけども、そこに入門していった側としては、それまでに他の道場で既に大東流の技をそれなりに知っていたとしても、ルールとして佐川道場でのキャリア（一元稽古の中では一ヶ月〜十八ヵ月まで段階的に学ぶ技法がある）の中で習った技しか使っちゃいけない。だから、鍛錬を積んである程度の錬体の差が縮まっても、来るのが分かっている技は防がれて、下の者が自由に上の者に掛けるのは難しいということになる。でも先輩達の方は、もっと上の技を習っていれば自分が修得した何の技を使って後輩を倒しても構わないと。下の者はそれを乗り越えて上の者を倒す稽古をしていくのです。

一元の一般稽古にのみ参加し、講習を受けてなくても五元までの技というのは、十八ヵ月（1ヶ月10回以上の出場を目処に各ヶ月の技法を教授される）までの技法にも入っていて講習とは別に習えるから、長く通っていれば下の者が抵抗した場合は勿論、上の人に対してもそういった技にパッと変化して倒してもよかったので、先輩らも気は抜けない。

ですから、そういう中でこちらがまだ技の上で倒せていない他の先輩達を事もなげに捌き倒す小原さんの技を見るというのは、とてもいい稽古になるんです。

佐久間　そうですよね。佐川先生は別格として、現実の門人同士の稽古の中で「ああ、この抵抗力の強いAさん、ここで頑張ってやらせないBさん、これを小原さんはこの位置に入ってこう崩した、投げた、ああやって極めた」と見

昭和57年（1982）頃、佐川宗範の技を受ける小原師範。写真は小原師範の突きを払い上げたところだが、右拳は既に顔面を捉えていることが見て取れる。実際にはこの後、左手を掴み手として後方へ引き倒されてしまう。

取った技を、稽古が終わった後、塩坂さんと駅前の喫茶店でその日の佐川先生の示演技、お言葉と一緒に全部ノートにとって研究し、結局そういうのが稽古になったんですよね。

小原 まあ、お二人の役に立ったのならよかったですよ(笑)。

道場には色んなタイプの人がいますから、私も習った技の中で、技が止まったときに次の手、次の手へと動くわけです。それが、後から上の手を習っていくと、実はあのとき私がやっていたのは、多分これだったんじゃないかと思うことはありました。

佐川先生の稽古課程というのは、そういうふうになっているんです。「ここで止まったら、こういうふうに行く」というのがあって、「こういうふうに動く」という、ある程度決められた動き方をしてしまっているものだから、ある面では〝痛し痒し〟というところがありましたね。技が自然に出てくるようになっていないと、習っただけのものをやっていても活きてこないですよね。

佐川先生は基礎鍛練を十分していないのに変則技を使うことを嫌がりました。「そこまで君はやっていないのに、何だその技は」と、もっともっと足腰を鍛えて、その次にこういう技をやるんだというのが、先生の思いの中にあったんじゃないでしょうか。

「代師範」免状の重み

――ところで小原先生は何元になるのでしょうか?

小原 六元です。もう少し待てば教えてもらえたのかも知れませんが、どうしても家庭の事情で道場に行けなくなってしまったので。

塩坂 それは事情に関係なく、やはり来なくなると「何で彼は来ないんだ」ということになって、だから免許五段の免状も、普通に来てれば貰えたんだろうし、小原さんなら当然、七元~十元も教わったと思いますよ。

佐久間 休場される以前は〝佐川先生の後を継ぐとしたら小原さん〟感は皆さん持っていましたからね。

塩坂 佐川先生が段位の話をされたときに、「昔は経済的な事情もあって、北海道時代には実力がなくても六段、七段、八段というのを出していた時代もある。だけど、ここ(小平)に道場を構えるようになってからは、最高位は五段までしか出してない。五段を出したのは田口君と小原君の二人だけだ。ただ、田口君の場合は道場の為に多大な貢

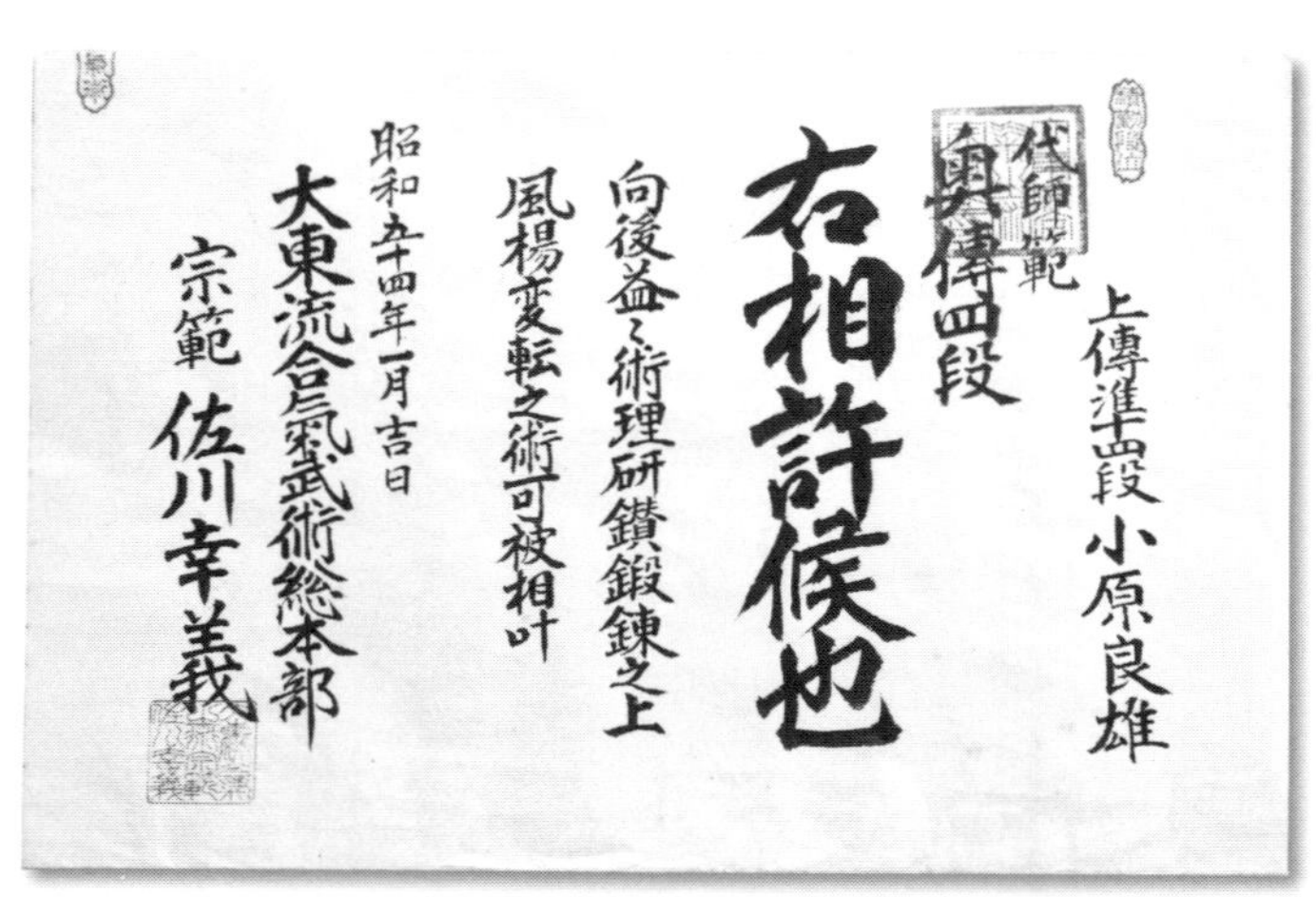
上傳準四段 小原良雄

代師範 奥傳四段

右相許候也

向後益々術理研鑽鍛錬之上

風楊変転之術可被相叶

昭和五十四年一月吉日

大東流合氣武術総本部

宗範 佐川幸義

昭和 54 年（1979）1 月、小原師範へ発行された「代師範」の肩書きがある奥傳四段免状。入門 10 年目という異例の早さで奥傳四段を授与され、代師範に任命されたことが分かる。88 頁の『大東流合氣護身術教本』に書かれた当時の階梯では「奥傳四段」は「助教授」、次の「準免許準五段」が「代理教授」であるが、「師範」称号が入るのは「師範・極傳九段」「正師範・允可十段」の最高階梯のみである。「代師範」は代理教授以上の存在として、当時における佐川宗範の小原師範に対する信頼の度合いが窺い知れることだろう。

献をした精勤、精励という意味も入っている。真の実力五段は小原君だけだよ」という話をされたことがあるんです。

佐久間　その話は私も聞いています。

塩坂　私はそれを聞いていたので、てっきり佐川道場の最高段位は五段で、田口さんと小原さんだけが五段だと思っていたんです。ところが先日お会いしたときに、実は奥傳四段の免状しか貰っていない、と。ただ、そこには「代師範」と書いてあるという。詳しくお聞きしたら、佐川先生が「今度、小原君に五段の免状を出すよ」という話をされていたそうなんですが、小原さんが仕事の関係や家庭の事情で忙しくなって、あまり道場に来られなくなったので貰い損なったということなんです。だから免状は出してないけど、佐川先生の認識の中では五段だったというのは、私も佐久間君も聞いているんですよ。

それと佐川先生による「師範」は極傳九段以上の最高階梯の称号であり、代師範の意味は重い。あの頃は実質的には田口さんが昼の稽古の師範で、夜の稽古の師範は小原さん、要するに教授代理ですよね。そういう形でやっていました。

――ここで、ちょっと分かりづらいので、佐川道場には元があって段があるという、そのあたりの階梯を整理しておきたいのですが。

塩坂 例えば「一元」というのは「一元の術理」「一ヶ条原理」に基づく技法群であり、一元の体系は即ち大東流一ヶ条全体の体系です。そして、この一元の技法を十二ヶ月以上かけて修得し、規定回数以上出場して一定の実力を先生が認可されれば「初傳初段」となる、即ち「段」が与えられるということになりますね。

「二元」以降の各元体系はその都度、一般稽古とは別の日時で各元の講習を受ける事で技法を修得します。では「二元」の講習を修了すれば「目録弐段」「三元」の講習を修了すれば「中傳参段」になれるのかと謂えば、そうではありません。同様に「六元」修了で「奥免許六段」、「七元」で「皆傳七段」とはならない。先生が定めた「本流傳段位修業教課」では対応していても、実際には小平の地に構えた佐川道場では五段の発行が最高位の如しですね。修了した「元」に対応した「段」の資格はあっても、段位はあくまで佐川先生の認可によります。

学芸大合気武道部と稽古体系

——次に東京学芸大合気武道部においても修練されていたという、「合気体操」についてお聞きします。これは佐川先生が作られたものなんですか？

小原 佐川先生から習ったものですね。先生が作られたものです。

塩坂 これは私が入門した頃は、単独の合気体操だけではなくて、二人組となっての基礎体錬を小原さんの指導でやっていましたね。

——佐川先生は鍛練法は教えなかったと言われているんですが、こういうものは工夫してお弟子さんに教えていたということですか？

小原 私が学芸大にクラブを作ったところ、こんな体錬をやらせてみたらどうかということで。学生たちの前で「こういうこともやったんだよね」と思い出として話されていました。それが合気体操です。道場の人たちには、そんな話はしていませんでした。

塩坂 学芸大の学生にだけ、佐川先生が合気体操というものを教えたということで、そのときのプリントのコピーを私も仲間から貰っていたんです。でも当時は私も情報が錯綜していて、最初は元々古い門人に教えていたものを田口さんが書き起こしたものだとばかり思っていたんです。ところが、実はこれ、佐川先生の著作の中にあるんですよ。

結局、何かと言うと、『大東流合氣護身術教本』という、佐川先生が唯一書かれた本（小冊子）があるんですが、合気体操のプリントは、実はこの本の一部「合氣基本体鍊」二十二ヶ条のコピーをプリントにしたもので、これが私たちのいう合気体操だったんです。

■

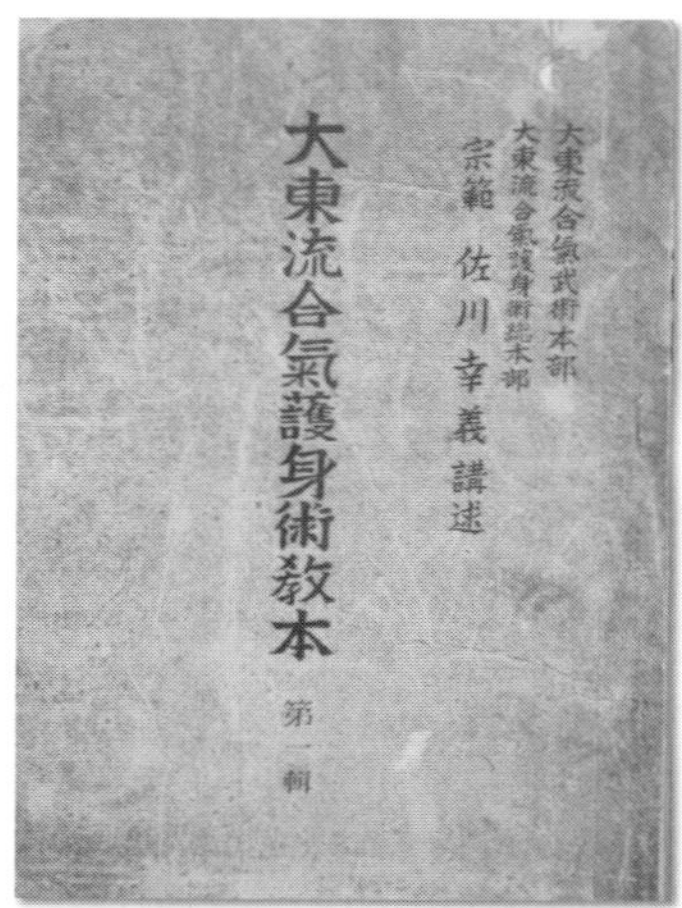

佐川道場初期において、道場内で配布された佐川宗範唯一の著書といえる『大東流合氣護身術教本』の表紙。

対談／佐川伝大東流の伝承

今よみがえる佐川宗範の教え

聞き手◎野村暁彦

佐川伝「甲源一刀流」

――甲源一刀流についてお聞かせください。

小原 本格的に佐川先生が甲源一刀流を教え始めたのが昭和50年（1975）からでした。

佐久間 だから私達に甲源一刀流を教えてくださったのは小原さんでした。

塩坂 それと、甲源一刀流の小太刀術とそれ以降の奥になる秘傳之太刀を佐川先生から直接教わったのは小原さんと若林（秀治）さん、内野（孝治）さんの3人だけでしたよね。

今日、ここに私が持って来た資料はある古参門人が佐川先生の教えを纏められた「甲源一刀流大太刀之術」なんですが、普通の古武道では「打太刀」と「仕太刀」があり、打太刀が仕太刀を誘導して勝ち口を示すような形になるじゃないですか。ところがこの技法手附書を見ると、「打太刀（勝つ方）」、「受太刀（負ける方）」と書いてあります。大変失礼なことなんですが、初めはこれを纏められた古参門人の方が古武道の用語をよくご存じじゃなくて、間違って書かれたものとばかり思っていたんです。

だが、実はそうではなかった。

後になって秩父の甲源一刀流などについて調べてみると、甲源一刀流ではここに書いてある通り「打太刀」「受太刀」という術語と意味を用いていることを知り、先生の教えをそのまま正しく記録していたのだと分かりました。こういうことは、小原さんも当時お聞きになりましたか？

小原 はい、聞きました。「甲源一刀流では他流でいう仕太刀を〈打太刀〉、打太刀を〈受太刀〉とする、そういう言い方があるんだよ」と。

塩坂 多分こういうのをご存じなのは、田口さんのような

佐川伝甲源一刀流

五天之太刀「妙剣」表・裏

佐川宗範より甲源一刀流免許を得ている小原師範に、甲源一刀流の大太刀之術第一本目となる「妙剣」の表および裏の形を演武いただいた。表には基本形と共に、「合気小手留」から「合気粘り抑え」に制して「喉突」へつなぐ展開もある。独自の工夫が加味された「合気甲源一刀流」と呼べる体系となっている（打太刀：小原師範、受太刀：塩坂師）。

■「妙剣」表■

1 受太刀・勢眼（正眼）、打太刀・竪翻額（八相）より、

2 打太刀、間合を詰める。

3 踏み込んで受太刀の勢眼に構える剣を切り落とし、

※切り落としと同時に合気小手留（そのまま胴突きもあり）、合気粘り抑えの法もある。

4 即、喉へ突きいる。

■「妙剣」裏■

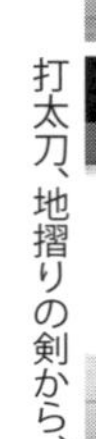

1 受太刀・勢眼、打太刀・隠剣（脇構）より、

2 打太刀、地摺りの剣から、

3 逆の竪翻額となって間合を詰め、

4 受太刀の裏（右手側）より剣を切り落とし、

5 即、喉へ突きいる。

最古参の師範と小原さん、内野さん、若林さんぐらいで、それ以後の方々はみんな小原さんから習ったということですよね。

小原 まあ、一緒にやれた人はやっていました。

――佐川先生の甲源一刀流は、相手を抑え込んだりする技が多いという印象を受けるのですが。

小原 佐川先生は、独自に様々な古流武術を深く研究されておられましたが、その中で所謂〝形を打つ〟古武道として自分が正式に免状を出せるのは富田喜三郎先生から継承した甲源一刀流だけだから、まずはこの剣術形を教えましょうということだったんです。

その過程で大東流の合気を効かした先生特有の工夫研究を加えたアレンジ、多くの替え業を教傳されました。それらの応用変化を門人の方達と稽古した際には私自身の研究も入っています。つまり、先生ご自身が一から十まで全部やられたんじゃなくて、どこまで正しいのか分かりませんが、これはこんなふうにやるんだろうと自分なりに解釈しながらやったものです。

塩坂 その辺は、やはり「合気甲源一刀流」への進化なんでしょうね。

佐川宗範の口伝「半歩の入身」

小原 佐川先生の技というのは何であんなふうに崩れるのかと言うと、入る前から崩れるような動きになってるんです。〝空気〟がそうなると言うか。

塩坂 空気が変わりますよね。佐川先生の技は〝空気が変わる〟っていうのが凄いんです。

小原 先生はいつも「半歩だよ」と言われてました。一歩じゃなく〝半歩〟。それで相手の動きと自分のバランスを取っちゃうと言うんです。当時は「半歩」って言われてもね（笑）。まあ、そのうち理解するようにはなりましたが。

塩坂 我々も〝ここに入ったら相手が動けなくなる〟とか、〝何も出来なくなる、という位置があるんだ〟と教えを受けました。

小原 そういうことですよね。

――入門されたとき、最初に何を習われたんですか？

小原 まず「揚（あ）げ手（合気揚）」、それから「手解き」ですね。

塩坂 「体捌当技（たいさばきあてわざ）」、昔の「振解当技（ふりほどき）」でしたっけ。

小原 そうですね。ただ、あまり手を教えませんでしたから、こればっかりやるんです。ですから手首の皮が破れて瘡蓋（かさぶた）になって、それが治ってくる頃には結構強くなってるんです。

塩坂　小原さんのお話では、当時は初段を取るのに本来だったら5年、6年かかるんだと言っていたくらいで……。我々が入門したときには最初に8種類の「体捌当技」を習ったんですが、当時種類は多かったんですか？

小原　いえ、ないですよ。当時のこの「第一元講習課程」には二十四種とありますが、最初から多くの技を教えるということはしませんでした。「体捌きは大事だからね」とは言われていました。

佐久間　逆に最晩年には、むしろ隠してしまい、新しく入ってきた人には教えるなと。大事だからもう教えるなということでした。

小原　結局「半歩」っていうことは体捌きなんですよね。あの体捌きが出来ないと、半歩が出せないっていうのが、あとで分かってきたことですよね。

体捌きを鍛練した上で半歩がある。位置が見えてくるんです。だから「(佐川先生の姿が)見えなくなる」なんてよく言われたのは、相手の死角、入りづらい位置を取ったということですね。

塩坂　小原さんが入門したとき、佐川先生は68歳でしたよね。ちょうど「体の合気」とか、先生の合気が高次元の段階に変革していくような時期だったんですね。

小原　ですから先生も、そういったものを表現しようとしていたんでしょうね。「体の合気」を掴むための地均（じならし）と言うか、稽古のときに、私に向かって「グッと掴んできなさい」とか。

強く掴んだからといって飛ばされるとかそういうのではなくて、触っているところからムニュムニュムニュッて骨がなくなっていくような、固体がなくなっていくような。そんな感じなんです。

人に見せないようにしながら研究するんです。どこまで相手が崩れれば出来るっていうのがあるんですが、そこを見せないで、出だしのところだけで止めてるんです。

塩坂　佐川先生は最後まで現役の武術家という意識が強かったですから、弟子にも自分の真の手の内は見せないというところが当然あったんでしょうね。

小原　先生がふと漏らされたのは、「合気は私のものだ」ということです。「私が獲得したものなんだ」という思いが強かったですね。だから、これが自分の全てなんだから、それを簡単に人に教えるわけがないんです。とことん技を追究しようという方だったから、そうだったんです。我々

佐川伝甲源一刀流
小太刀之術「虚実」

佐川伝甲源一刀流では小太刀之形も伝承している。本来、佐川道場の階梯で小太刀術は七元教程に属するものであり、後述する八元教程の二刀術といい、これらを既に学んでいる小原師範が別格であることが分かる。受太刀の打ち込みを右に捌きつつ鍔元を抑え、逃れて再び斬り込んで来るところを左に捌いて鍔元を抑える（①～⑤）と同時に、左手で肘を制し、面を斬る（⑥～⑦）。

1

2

3

4

5

6

7

座捕合気揚から合気投

ある意味で最も佐川道場を象徴する稽古ともいえる「座捕合気揚」からの「合気投」も演武いただけた。数々の猛者たちが鎬を削ったこの稽古、共に巨漢と言っていい塩坂、佐久間両師を容易く揚げながら、大きく振り投げる小原師範。その力みの無さと安定感、そして投げに入る際のスピードには目を見張るものがある。放り投げるのではなく、まさに床へ叩き付けるような一瞬の変化。

特にそのスピード感が際立ったのが、この後方へ叩きつけるような合気投の展開。大柄な佐久間師が一瞬、弾かれるように後方へ倒れるさまは、「投げた」というよりも「一瞬で形が変わった」ような違和感と共に、凄まじい受身の音が響いた。「この音とスピードで（本物かどうか）分かるんです」とつぶやく佐久間師の言葉が印象深い。

合気投から合気極

大東流といえば複雑に極められた固め技のイメージも強いが、豪快な合気による崩し技のイメージが強い佐川伝大東流ではあまり紹介された印象がなかった。しかし、もちろん佐川伝においても様々な合気極の技法展開がある。そのいくつかも今回示演いただくことができた。座捕りの合気投から（①～③）、即付け入り相手の手を手首から離せなくして、膝で肩裏を制しつつ合気極（④～⑥）。小原師範の腕と膝で挟まれた相手の右手は、自分からは離すことができない。

合気極 基本の一法

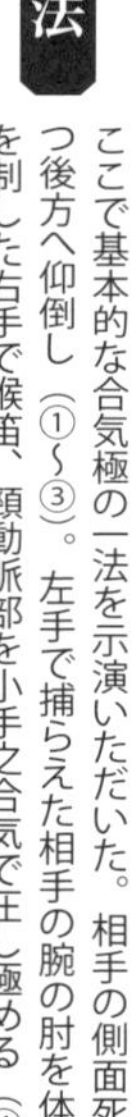

ここで基本的な合気極の一法を示演いただいた。相手の側面死角に入る位置から左右の手の内を連動させつつ後方へ仰倒し（①〜③）。左手で捕らえた相手の腕の肘を体の合気で押さえ極めつつ、それと連動して襟を制した右手で喉笛、頸動脈部を小手之合気で圧し極める（④〜⑤）。

1

2

3

4

5

合気の手之内の一法

ここでは小手之合気を利した、沈身の一法を小原師範の演武から見てみたい。手を掴まれる一瞬に手首を返して脇を締め、相手の親指つけ根へ小手之合気を効かせる（①〜③）。固まった相手はちょうど足裏の一点で全身を支える形となり、そのまま手を捕らえて斜め後方へ半歩ずらすだけで大きく崩れ落ちてしまう（④〜⑥）。

はそこまで出来ないので、少しでも多くの人が学べる環境作りに協力しようという発想にしかならないんですけどね。
世界中に広まった合気道とかもありますが、自分はああいう生き方じゃないいんだというのを、その違いを示したかったんじゃないでしょうかね。
結局、教えて出来るんじゃなくて、使える体になってるかどうかなんです。使える人がやれば、自然に出来るんです。ちゃんと位置取りをしないで技をやってると、見る人が見れば「解ってないな」ということになります。

塩坂　佐川先生は口では詳しく説明しませんけど、直伝の環境の中で小原さんは取（盗）ってるんですよ。

「勘」＝「気」＝「閃き」

佐久間　そう言えば、佐川先生からは合気拳法の突きでは「突くときには拳を腰に引くな」と教わったんですが、小原さんのときもそれは仰ってましたか？

小原　そうですね、つまり引くと力みを作ってしまうということです。佐川先生は拳を腰には構えず、自然に垂らしたところからピュッと出す。固めた拳で何かをブチ破るとかじゃなくて、目眩（めくらまし）とか、或いは力まずに当てた拳が強烈な威力を持つとか。
〝突くときは腰を捻るな！〟と、それは剣で斬るときも同じで、絶対に腰を捻っちゃいけないんだと、よく仰ってました。

塩坂　大東流合気自体が剣から来ていますが、合気拳法は特に剣の動きが重要ですよね。

佐久間　私も「合気拳法は剣から来ている」と佐川先生が仰られたのを、直接聞いています。

小原　それから先生の突きの写真を見ると、拳は軽く握っている感じですが、拳の握り方は本式には見せていないですね。
佐川先生は「勘と努力と工夫」ということを言われたんですよ。勘というのは、大東流合気武道系の中で、意外と培われるものなんですね。「勝負の勘」と言っているんですけど、これも見える部分と見えない部分とがあって、見えない部分というのは立証のしようがないので、あちこちでいいように使われていますが、この「勘」というのが確かにあります。
これが「気」なんでしょうが、やたらに気から入ったら間違った方向に行ってしまうんじゃないかと思います。

塩坂　確かに気というのはあるんだけども、それを言い過ぎて変な方向に誤解されるのを、佐川先生は嫌がっておられましたよね。

小原　人間は苦労をしないで宝物を得たいと思いますから、そこへ走ったら武道の世界は発展しないだろうと思います。いかに体を使い切って、尚且つ、それでも行くことは難しいんだと。そうした中に価値を見いだせないと。誰もが達人になれるわけじゃないですから。

塩坂　私も昨日、自分のメモ帳を見ていたら、まさに勘と努力と工夫という佐川先生のお言葉があって、名人というのは「閃きと工夫」なんだと。

小原　その「閃き」というのは「勘」の中に入っているんです。佐川先生は「これは閃きだからね。合気の原理は、閃かなかったら開眼しないよ」と言われていました。

塩坂　先生の合気には、一瞬の集中力とか相手を無力化してしまうものとか色んな合気があるんですが、例えばバーンと手刀を合わせたとき、普通だったら肉と肉がぶつかるんですが、誤解を受けると困るけど、表現としてはいわゆる霊体と言うかオーラと言うか、何か柔らかいクッションのようなものを感じるんです。

それが、先生に言わせれば「精妙な角度を取って入る」ということからも生まれるんでしょうが、ぶつからないで、フワッとした真綿のような感触で、触ってるんだけど触ってないような感触のまま持って行かれてしまう。それは〝気〟と言えば気なのですが、あまりそういう言い方をすると誤解を招きますからねえ（笑）。

佐久間　晩年の先生は、ぶちかましで当たっても、体は当たってるんだけど、ぶつかった感触がないんです。だから先生の技を受けて弾き飛ばされても、凄い衝撃を受けてるように見えて、やられてる本人は、実はそんな衝撃もなく飛ばされてるんです。

塩坂　でも飛ばされたあと、畳に叩きつけられた瞬間には凄い衝撃でしょ。

佐久間　そうです（笑）。

力の流れを感じること

塩坂　合気における力の出し方や、先ほどの〝空気が変わる〟という話とも関連するんですが、先生は体の周りにもう一つ〝空気を纏っている〟という感じがあるんですよ。

先生の鍛錬の中には「調息集気丹田錬胆法」というのもあって、最初のうちは教えていたんだけれど、そうやって作ったものだと自然な気というか、そういうものとは違う

合気二刀剣術における体の合気

一方の剣で相手の攻撃を抑え、合気によって動きを封じた上で他方の剣を打ち込む特徴的な佐川伝合気二刀剣術は、佐川宗範が編まれた合気拳法にも通じる理合が顕著な体系だ。時に十字に受けたところから体の合気で相手を崩し飛ばす技法も指導されたという。ここではその一法を小原師範に試みていただいた。

佐川宗範の二刀剣で崩し飛ばされる小原師範。

ということで、呼吸法は自然に任せればいいという方向に行ったみたいですね。

小原　稽古や鍛練を通して、難しさを乗り越えた先に〝掴んだもの〟を大事にしたいというのが根底にあると思います。

　私は先生の技を受けるとき、先生の力が体の中に伝わるように掴むんです。そうでないと、掴み方、力の入れ方によっては手元で止まってしまうんです。内面に来たときの〝流れ〟を感じることが大事です。闇雲に力を入れて掴むのではなく素直に掴んでみると、〝先生の使われた場所〟が分かるんじゃないかと思ってやっていました。

塩坂　先生のエネルギーの通り道ですね。

　私がまだ入って2、3か月の頃に、先生に「強く持たずに柔らかく持ってくる人にはどう対応したらよいのでしょうか？」って聞いたら、周りの先輩たちは「こいつ何言ってんだ」ぐらいに思ったでしょうけど、たまたまその日、先生は機嫌がよくて（笑）、そのときは高橋（賢）さんを呼んで、まず思い切り強く持たせておいて「凄い力だね」と言いながら吹っ飛ばして、次に柔らかく持ったときは、そのまま相手の手首を掌で合気して投げられていました。

小原　〝相手を見て法を説け〟ということで、相手の体質なんかをちゃんと掴んでましたね。私が道場にいた間にも先生の技は変わっていきました。

　最初の頃はワッとエネルギーを集中させるような感じだったのですが、やがてフワーっと柔らかく崩していくようなものになっていきました。

塩坂　小原さんが佐川先生から「小原君、君は自分の道場を出していいんだよ」と言われたという話があるんですが。

小原　それは、私が先生と二人のときに、私はいつまでも先生についていきたいと言いましたら、しばらく考えてから「君は自分流の生き方をすればいいんだ。自分の道場を出していいんだよ」というようなことを、ぽろっと仰ったんです。それがどういう意味なのかは、当時はよく分からなかったんですが。

佐久間　佐川先生ご自身の生き方もそうだったんじゃないでしょうか。

塩坂　佐川先生も武田先生から学んだものを「自分の合気」というところまで高められたんですから。

小原　そのときは「ずっとついていくことは出来ないんだ」と思いましたけどね。佐川先生の教えはそういうものだったんだと思います。〝自得して会得しろ〟と、そういうことだったんでしょうね。

■

沈身之合気の一法

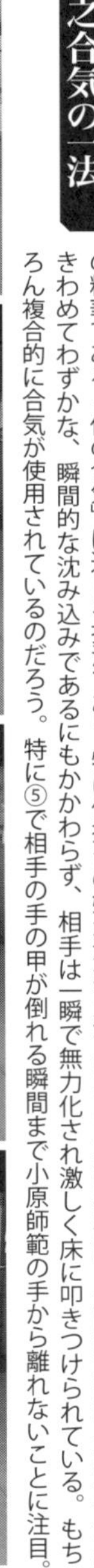

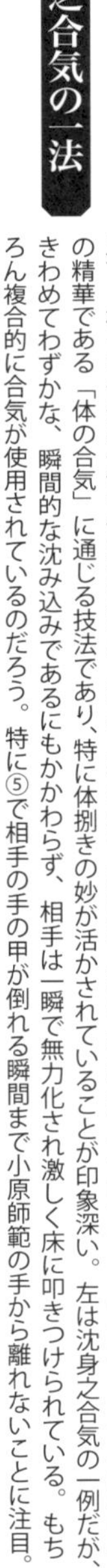

以下、様々な合気の一例を便宜的に沈身、乗身、浮身といった傾向で分けて御紹介させていただく。いずれも、佐川宗範晩年の精華である「体の合気」に通じる技法であり、特に体捌きの妙が活かされていることが印象深い。左は沈身之合気の一例だが、きわめてわずかな、瞬間的な沈み込みであるにもかかわらず、相手は一瞬で無力化され激しく床に叩きつけられている。もちろん複合的に合気が使用されているのだろう。特に⑤で相手の手の甲が倒れる瞬間まで小原師範の手から離れないことに注目。

乗身之合気の一法

乗身と沈身は不可分と思われるが、ここでは引き込むような沈みを「沈身」、こちらが乗り込むように相手を仰倒しに投げる表現を「乗身」に分類してみた。両手捕りにくる相手をすかすようにはずして、一方の腕を脇へ（①～②）。そのまま挟み込むと同時に、巧みな体捌きで脇へ入り、相手へ乗り込むように崩し投げる（④～⑤）。ちょうど、挟み込んだ相手の二の腕へ、こちらの肩で合気をかける形だろうか。投げられたというよりも、その場に圧し潰された観が強い。

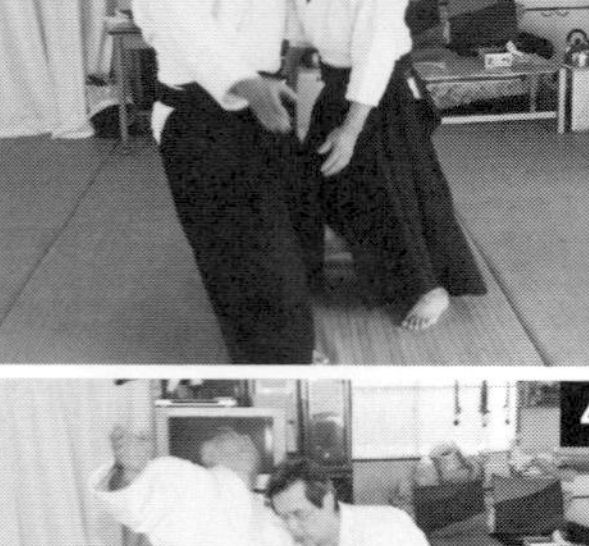

浮身之合気の一法

今に遺る佐川宗範の演武写真でも拝見することが少なくない、相手を大きく後方へ吹っ飛ばす合気の一法。瞬間的に肘を突き出す方法もあれば、このように①～②の乗身之合気から展開するように浮かせる法もある（③～④）。相手の資質、反応に合わせて随時変化することが大切だと小原師範は語る。

〝体の合気〟の妙

撮影が進むに連れ、どんどん切れ味が増していった小原師範が最後の方で見せた「体の合気」における絶妙な技法。襟を掴みに行った佐久間師にその隙を与えぬまま、体捌きのみでその場に倒してしまった。この技術は今も〝生きている〟のだ。

1

2

3

4

5

6

佐川宗範の合気で後方へ大きく崩れる小原師範。

小原先輩との対談を終えて

文◎塩坂 洋一

往時、佐川道場で弐元（にげん）以上の講習を受けるには後見人・保証人が必要だったのだが、小原さんは私の講習の後見人になってくれた恩人である。今回の小原師範特集企画で、小原さんを紹介する役割の一端を担えたことに感謝している。

その切っ掛けは昨年末、私の自宅に小原さんから一本の電話を頂いたことから始まった。小原さんとは年賀状の交換こそ続けていたが、直接お声を聞いて話すのは二十数年ぶりではなかったか。その際、小原さんは月刊秘伝に私の特集等が掲載されていることは以前からご存知で、それを喜ばしく見守ってくださっていたこと、一昨年、合気書簡問答連載で展開した私の合気論についても「よくあそこまで研究して纏めたものだと感心していた」「生涯、合気を追究された佐川先生の生き方、本質を正しく伝えてくれてありがたい」との激励を頂いたのは身に余る光栄であった。

そして、公職を定年されたことで、長年の教職者経験を活かし、今後は武道教育の視点から社会生活を営む上で人間性向上を目指す武道のあり方を追求したいと考えておられるとのことで、私の意見も聞かせて欲しいとのご相談があり、年が明けたら一度お会いしましょうとなった。

その後は、大東流蜘蛛之巣（くものす）伝のような糸（人）の繋がりにより、なるべくして実現したのが今回の特集である。

さて、取材の当日、対談に止まらず、秘伝編集部のたっての希望もあり、小原さんには佐川先生直伝の技法や合気基本鍛錬（合気体操）の示演もして頂けることになった。

取材日の前に佐久間君と話していたのは、当日にそのような（演武の）展開になった際は、小原さんも長らく稽古から離れておられるので「我々も正直、受けを取る際は先輩に対して配慮をして、しっかり小原さんを立てるようにせねばならないなあ」などと、あとからみればとんでもない不遜な考えをしていたのだが、手をとった瞬間にそんなものは全くの杞憂に過ぎなかったことがすぐに分かった。

小原さん自身、直近では学芸大OBとして合気武道部に指導に赴いていたのが2〜3年前で、それ以来、道着に手を通すのは久しぶりとの話をされていたが、佐久間君とも「これは全然モノが違う！　佐川先生は別格として、我々に対してこのように見事に技を掛けられる人は他に誰もいないなあ」という高いレベル、技が進む毎にキレがまし、昭和50年代～60年代に受けていたかつての（佐川先生に最も近付いたと形容された）当時の小原さん以上の技の冴えを体験する機会に恵まれた。二人共、小原さんの見事な合気技を受けて「嬉しい」「楽しい」空間を満喫させて頂いたのが本当のところである。

ここでは小原さんが素晴らしい技を産みだせる、その秘密の一端をお話ししよう。

取材後に小原さんのご自宅にお伺いした際のことである。自然豊かな山林にほど近い閑静なご自宅の庭を拝見して、この〝自然の気が充満した〟庭は独り鍛錬するには最高の場所と思ったのだが、その庭の一角にこじんまりしたプレハブ住宅があり、その中を案内頂くと、そこは佐川先生のお写真を中央に掲げた畳5畳程の道場であった。「1日1回は必ず佐川先生との繋がりを意念することが大事である」と想われて、その〝場〟をつくられたのだとお聞きして、「素晴らしい、流石は小原先輩」だと感動した。是は大事なことで、先祖・先人の伝承を重んじる心の在り方が〝合気之醸成〟に通ずるのである。

人間は「肉体と精神」「心身霊」の存在であり、人間にとって精神とか魂が至宝であることは言わずもがなである。しかし、先生の大東流合気武術においての教えは、「合気の体を維持する」ことが大事であり、まず、第一に〝体を鍛錬しろ〟ということを常々謂われ、先生ご自身が最後までそれを実践されていたことも良く知られたことである。

当時の佐川先生のように1日5時間も6時間も鍛錬することは適わないまでも毎日1時間、どんなにお仕事が忙しい時でも30分、所謂、道場における対人稽古は離れていても、合気の環境の中で素振りや四股、合気基本鍛錬など「合気（を遣う為）の体」を維持しておられた訳であり、毎日黙々と鍛錬を継続する、是が如何に大事であるかを改めて教えられた。

佐川先生の単独鍛錬稽古もそうであるが、意念の在り方一つで、対人稽古にも即座に対応出来るのである。佐川先生の口伝、教えによる〝合気之醸成〟、すなわち自分の体の中、肚の中で合気の果実を醸成していくことが可能であることを証明されたと謂える。

これだけの実力を持った小原さんが指導の場を持たないのは大東流、合気武術界、日本武道の損失である。実は合気松武會門人への講習稽古は既に実現しており、その高い指導力に門人達も感動している。

もはや、秘密の時代ではなく佐川合気の基本技術、日本武術文化の至宝としての佐川先生の素晴らしい体系を後に遺し、伝えていくべきではないかという意見に、小原さんも賛同されておられるので、この機会に小原さんが教育に深く携わって来られたキャリアを活かされて、武術指導に本格復帰されることを心より願っている。■

第3章 佐川宗範の鍛錬術

佐川伝大東流合気武術・高橋賢師範インタビュー

天才の偉業を辿る 凡才の挑戦

聞き手◎野村暁彦

合気と鍛錬のつながり

――筋骨を鍛えて筋力を養成する〝鍛錬〟と、筋力に頼らないというイメージのある〝合気〟とでは相反する存在のように思えてしまうのですが、なぜ合気と鍛錬とが繋がるのか、まずそのあたりについての高橋先生の考えをお聞かせ願えますか？

高橋　佐川先生が我々に「鍛練せよ」と言われたのは、まず力をつけなければならないということでした。

では佐川先生が力でやっていたかというと、そうではありません。

鍛錬の意味の一つには、体の各部分を鍛練して、その部分に集中した力……これを佐川先生は〝合気の集中力〟と言っておられましたが、それを出せるようにするということがあります。

それから体全体として見れば、例えば腕の力を出すためには体が真っ直ぐに立っていなければなりません。つまり躯幹がしっかりしていなければならないわけです。躯幹がしっかりするためには、それを支える腰がしっかりしていなければなりません。腰を支えているのは脚です。つまり全身の骨格と筋肉がしっかりしていなければ駄目です。

古来より日本では〝肚〟ということを言います。臍下丹田という言葉もあり、身体の重心がある位置だとか言われていますが、先生

高橋 賢　Masaru Takahashi
昭和22年（1947）、東京都八王子市に生まれる。早稲田大学文学部卒。学生時代より古流武術研究を続け、昭和47年、佐川幸義宗範の元、大東流合気武術佐川道場へ入門する。のち、佐川宗範より十元之術理を教授される。一方、古流武術に関する深い研究で斯界に知られ、武術論文として「日本柔術拳法史初探」（未完）、「柔術当身活殺術」、「大東流合気武術史初考」等、多数を発表している。現在、小平市の佐川道場（本部）のほか、地元の相模原市にて、後進の指導に当たっている。鍼灸師。著書『佐川幸義先生伝大東流合気の真実』（福昌堂刊）、『中国秘伝の健康法　気功法』（新星出版社刊）。

もよく、

「下腹に力が入っていなければ駄目だ」

と言っておられました。

下腹に力を入れるということは、要するに腰筋と腹筋に力が入っていて、上体を支えているということに繋がるわけです。決して全身に力を入れて固まっているわけではありません。

それと、先生は自分の体を鍛えるということを通して、相手の体のこともお分かりになってきたのだと思います。自分の弱点を知り、それを投影することで相手の弱点も分かるわけです。それを効率よく少ない力で攻めていく。たとえ相手が強力でも、それに真っ向から力で対するのではなく、僅かな力で如何に効率よく相手を捌くかというのが主眼だったと思います。百の力があっても、まず十の力で相手を捌いておいて、最終的には五の力、三の力で相手を崩して倒せる。そういった状態にしていくことが必要です。このことを前提とした上で、自分の体を支えるための基本的な体力は必要だから「鍛えろ」と言われたわけです。

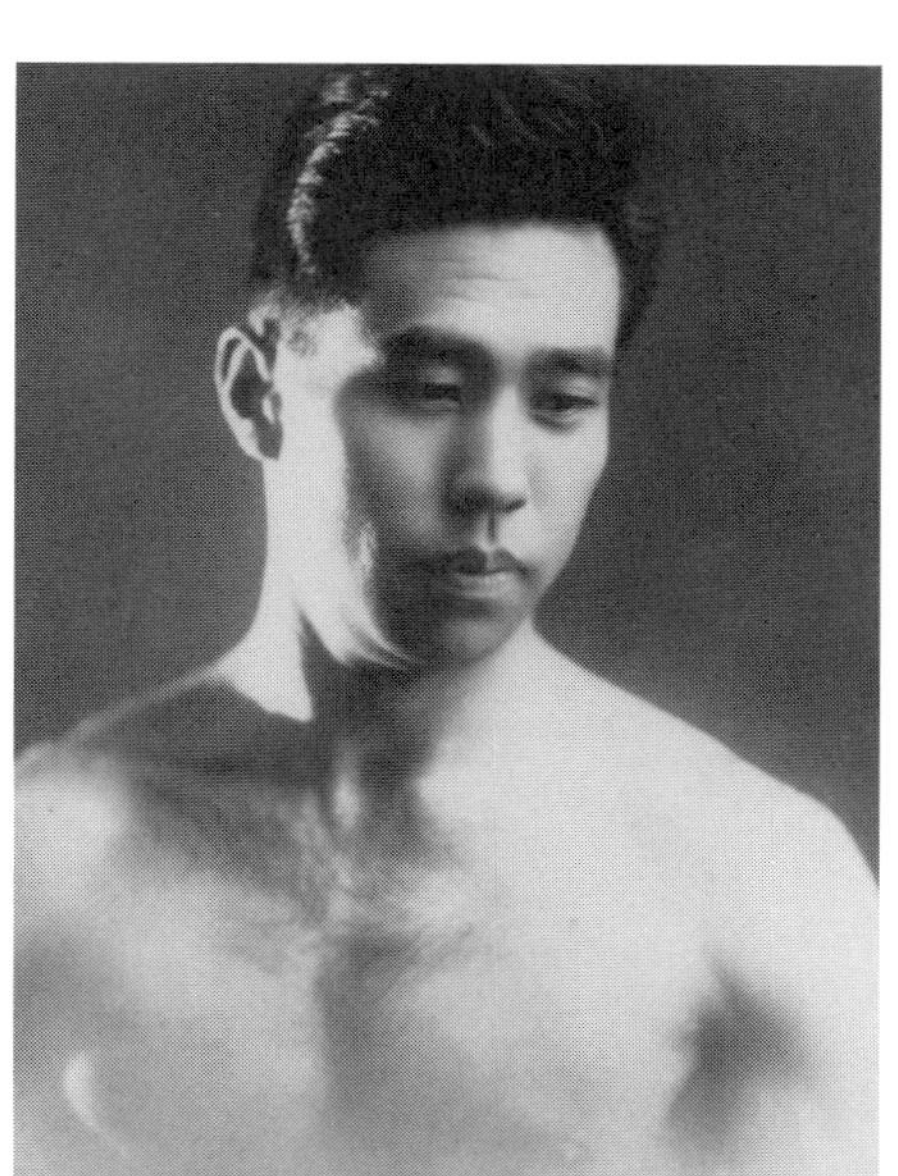
佐川幸義宗範30代の頃の肖像。様々な筋力鍛錬を取り入れ、鍛え上げられた太い筋肉群が印象深い

——高橋先生も当初は「合気」という技術に憧れて佐川先生へ入門されたことと思いますが、佐川先生がまさに〝鍛練の人〟であるということは、いつ頃から意識されるようになったのですか？


高橋 先生から「鍛練しなくてはいけない」ということは、道場では何回も伺っているわけです。ですから、入門した当初から意識はありました。ただ、私は昭和四十七年の五月五日に入門しましたが、その五月二十七日に厚かましくも、

「どのような鍛練をしているのですか」

と先生に尋ねたところ、

「それは私のところでは教えないんだ。私も若いときから色々と工夫して、鍛練法を自分で作っていった」

と仰いました。そのときは「そういうものなんだな」と思いましたが、後で色々と伺ったところ、結局先生ご自身も武田先生から特別な鍛練法を習っているわけではないんですね。

佐川先生は、武田先生が行っていた鍛練は二つしかご覧になっていません。武田先生が鍛錬されなかったのです。それでも垣間見ることが出来たものの一つが、昔の牛若丸の絵などによく出てくる薪雑把（まきざっぽ）を天井から紐で吊るして、それを木刀で打つという練習です。要するに移動する標的を打つという鍛練ですね。武田先生が佐川家に逗留していたときに行っていたのを、佐川先生がご覧になったのです。それから手首を鍛える、つまり握力を強くするような鍛練も日常的に行っていたようです。

これは詳細は申し上げられませんが、そういったヒントがあれば、自ずとやり方は想像がつくわけです。そこで自分に必要なことをやっていけばよいのではないかと思います。

私もちょっとやろうと思って実行していますが、実際にやっていくうちに私のような才能のない者でも「こういうふうにしたらよい」とか「ああいうふうにしたらよい」とか考えるところがあるんですね。それだけで自分に必要と思われるような鍛練法は、自然に幾つかは出てきます。

惣角先師の不備を補う足腰の鍛錬

――佐川先生は武田先生の技を見て、それを如何に効率よく使うか、またどのようにして合気の道に到達しようかというところで、色々な鍛練法を研究されたわけですね。

高橋　そういうことの中の一つに、武田先生があまり得意ではなかった部分も、自分は補わなければいけないということでやったものがあります。その一つが足腰の鍛練です。

佐川先生のお話では、武田先生は胸捕りで相手がいくらしっかり掴んでいても、スッと入り込んで担（かつ）いでしまったんだそうですね。それは後に佐川先生が〝体の合気〟ということで研究し、結実されたわけですけど、これをやるためにはどのような鍛練を行えばよいのかを考えたわけです。

武田先生が、ご高齢になっても相手を担ぎ上げている写真が残っていますね。あれだけの年齢で担げるということは、よほど骨組みがしっかりしていなければいけません。きっと何か鍛練をされていたはずなのですが、それを表面には表しませんでした。先生はそういう点を考えて、色々と工夫したわけです。

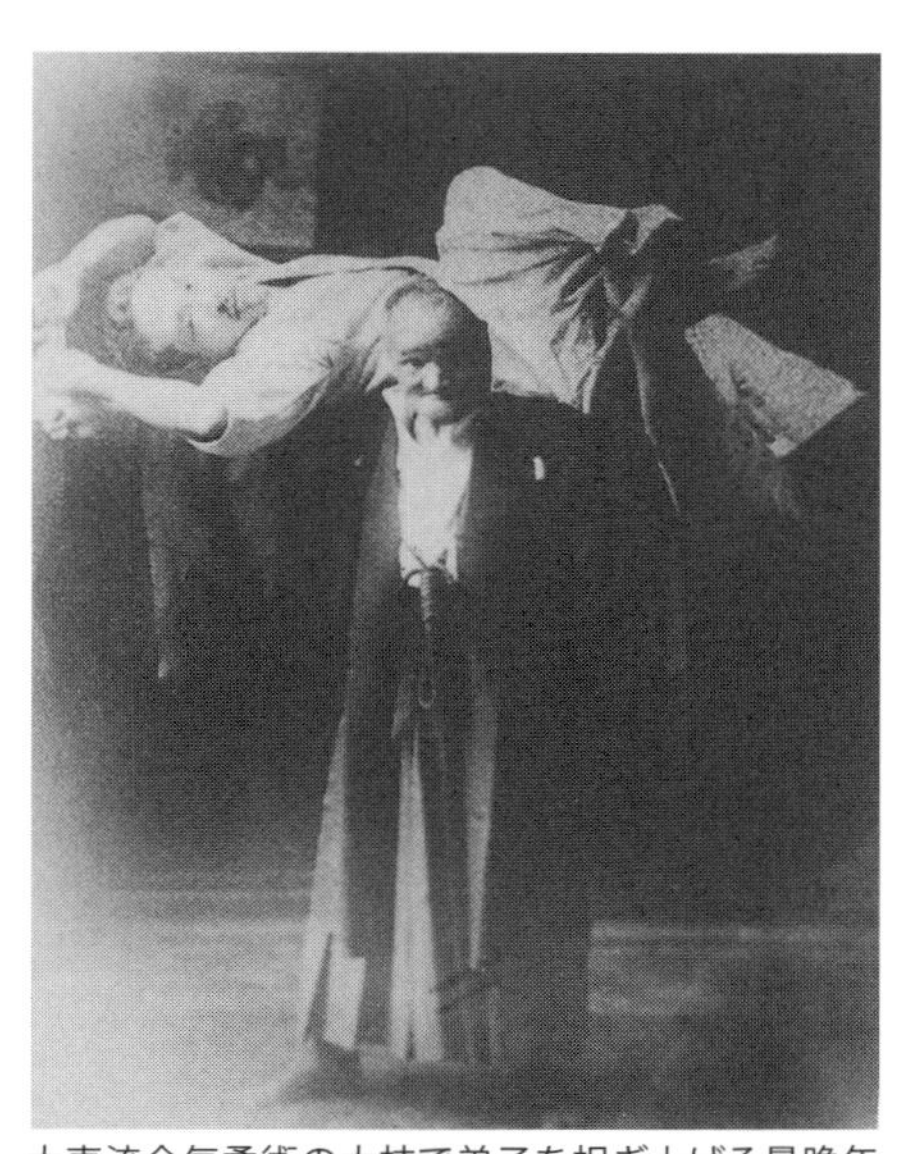

大東流合気柔術の大技で弟子を担ぎ上げる最晩年の武田惣角翁。技の見事さとともに、根本的な体躯の強健さは疑うべくもない

ただ、残念ながら武田先生は晩年には少し足腰が弱くなられたんですね。それを見ている佐川先生は、足腰の鍛練は重視されていました。一般的には佐川先生は振り棒や腕立てなどをやっていたということを皆さんお聞きになっておられるようなので、そちらの方に傾いてしまいがちですが、〝足腰の鍛練〟という言葉をよく使われました。

年齢ごとに増した回数

高橋　我々が先生に会った七十代、八十代の頃には突きや変更、振り棒など千回単位でやられていることを聞いていました。先生が亡くなられた後に先生の所蔵されていた伝書や記録を門人たちで整理、調査したのですが、その中に先生が書かれた『身体鍛練運動日課』というものがありました。それによると、三十代の頃だと思われるのですが、その頃はそんなに凄い数ではなくて、数十回とか百回とか、そういうところから始められたんですね。私もそれを知ったのが遅かったので、それだったら私も出来たかなと思ってみたりするんですけど（笑）。

――回数が増えていったということに関して、高橋先生はどう思われますか？

高橋　以前、先輩の相沢則行師範と冗談で言ったことがあるんですが、先生の鍛練の単位が千回なので、千回を〝一佐川〟とつけるとかね（笑）。それは、私のような鍛錬落伍者にはよく分からないところがありますね。そういうような千回単位のものを、それも種目が二十種ぐらいある中から十数種ほどを選んで、毎日なさっていた。しかもそれを午前中の数時間で仕上げてしまう。ちょっとこれは謎ですよね。

我々もよく先生から、

「ほら、これだけやったんだ」

と日記を見せてもらいました。先生が亡くなってから日記を整理したときにも、ちゃんと毎日、場合によっては晩年まで千回という回数をやったという記録があるんですね。だから八十歳ぐらいのときにも必要なものは千回単位でやっておられたんです。それを短い時間でやるというのが先生の鍛錬法の秘密の一つだと思うんですね。

——しかし仮に一回を一秒でやったとして単純計算でも、あっというまに二時間ぐらい過ぎてしまうと思うのですが。

高橋　まあ、時には「午前中で終わらなかったから午後に繰り越した」なんていう話もされていました。

実は私も大望を抱いて振り棒をやったことがありますが、千回振ると一時間はかかるんですね。恥ずかしながら、そこで私は挫折いたしました（笑）。それと振り棒を振ると掌にマメが出来てしまいますが、私は鍼灸師という商売柄、それはちょっと不味いんですね。そんなことを言って誤魔化してますけどね。

合気柔術片手捕甲返の技法を指導する佐川宗範（奥）。
その手は未曾有の鍛錬修行にもかかわらず、きわめて柔らかな掌をされていたという

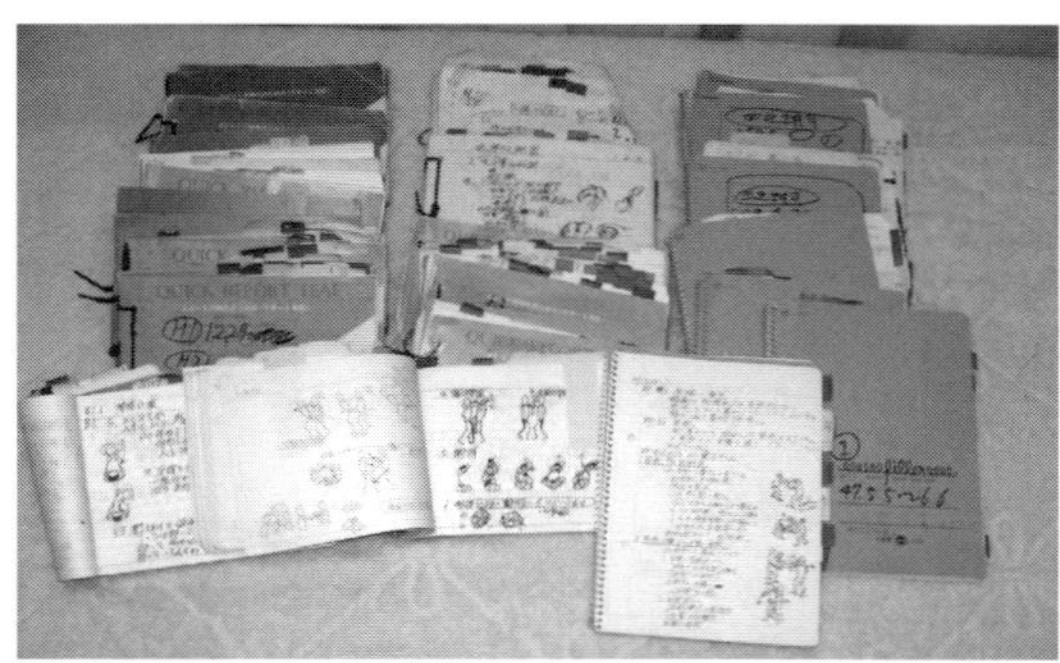

高橋師範によって、佐川宗範の指導内容が克明に記された記録ノートの数々

ところが先生は毎日鍛練して振り棒を千回振っておられたのに、先生の手にはマメがないんです。それで、武田先生の手がやっぱりそういった手だったらしいのです。

佐川先生が七十歳ぐらいのときに武田時宗師範とお会いした際、時宗師範が、

「佐川先生の手はうちの親父みたいになりましたね」

と言われたそうです。こういったところが先生の鍛練の秘訣だったかも知れません。

――実際に稽古の際に掴まれたときなどの、佐川先生の手の感触はどのようなものだったのでしょうか？

高橋　ですからゴツゴツしていない、柔らかい手なわけです。だからこそ効くんですよ。ゴツゴツした手だと、それが表面に当たるので、相手も自然に防御本能が働いてしまうのではないかと思います。ところが柔らかい手で掴まれるとパッと効いてしまう。それが大事なんじゃないでしょうか。

佐川道場に受け継がれる鍛錬の遺伝子

高橋　佐川道場では四股、変更、振り棒など、皆さんがそれぞれ必要なところを鍛えておられます。

最古参の田口鉄也先生も、佐川先生から言われたことを守って、続けておられます。本当に頭が下がります。田口師範は学校の先生で、昔はよく風呂敷包みを持っていましたが、風呂敷に資料や何かを包んで小指だけで持って歩いていました。電車の吊り革に小指だけ引っかけて体を支えるようなこともしていました。そうやって私以外の人は皆やっているんです。

それと、佐川先生は鍛練をやる方を好まれるわけです。佐久間（錦二）君などは、鍛練をやって、見る間に腕が太くなりました。それで先生に非常に好かれて、幹部に引き立てられるのも早かったですね。

先生は、とにかく〝継続すること〟が最も難しいと仰っていました。私のようなだらしない者は継続が出来ないから駄目ですね（笑）。

私は鍛練の落伍者ですが、落伍者だからこそ、人一倍先生の示されたことを細大漏らさず汲み取ろうとして、その中から、先生が何を考え、どのような意味をもってそれらを指導して下さったのかを考えてきました。それも私の場合は、より軽くても効果の生みやすいものを追求しようという弱さかも知れませんが……。

――しかし、高橋先生のその努力によって、こうして我々

も佐川先生の世に知られなかった教えを知ることができ、目標とさせていただくことができます。

高橋　先生のような天才でなくても、我々凡人は我々の出来る範囲で頑張っていかなければなりません。名人というのは一部の才能のある人が努力してなれるものです。しかし〝合気は佐川先生のような名人だから出来る〟ということならば、我々が大東流を練習する意味がなくなってしまいます。

我々は先生のような名人技にはとても及びもつきませんが、我々なりに先生の残された技法と鍛錬をやっていけば、その中から我々なりの才能、能力を伸ばしていけるのではないかというのが私の考えです。先生のような遥かに高い目標を仰ぎ見ながら、そこまでは行けないにしても、自分の能力や体力を引き上げていくことは誰にでも出来るはずです。ただ、それを少しばかり要領よくやる方法も、佐川先生という大先達を幸運にも得ることができた我々には、望むことができるのではないかということです。■

天才を完成させた〝努力〟という礎

佐川伝大東流の鍛錬

文◎高橋賢

佐川幸義先生が、生涯鍛錬を継続されたということは、今では広く知られる事となった。では、どのような鍛錬をしておられたかその全体像は、全く不明であった。しかし、先生の没後たまたま、その資料中に、その謎に光を与える資料2点『身体鍛錬運動日課』と『昭和59年の日記』があった。

先生は度々、「武田先生は天才であったが、私は天才ではない、努力して、鍛錬して合気を体得した」と仰った。先生が、作り上げられた佐川伝大東流合気武術の、膨大で濃密な技法体系からも、先生ご自身が天才であった事は間違いなく、先生のお言葉が謙遜である事は勿論であるが、先生が努力して、鍛錬して、合気を体得し、膨大な佐川伝合気の体系を作られた、努力型の天才であることも一面の真実である。

先生が合気を体得する、そのバックボーンとなった鍛錬法はどの様なものであったか、どのように研究され、どのように継続されていったのか、大半が分からないと言っても過言ではない。そのため、自著『佐川幸義先生伝大東流合気の真実』(福昌堂刊)では鍛錬法の詳細は割愛した。

しかし、その一部分でも分かっているのなら、それだけでも、後世に残さなければならないと考えを改めた。先生の鍛錬法の情報は、門の内外を問わず、種目の如何に依らず、武術修業に志す後人に、益するところが大きいであろうと、そう考えて、非才をかえりみず、此処に分かったところの一端を書き残すものである。

その手首、足首の異様な太さが印象深い佐川宗範。自らそれは「鍛錬のお陰である」と語っていたという

最初の鍛錬　30代の半ば頃

先生の残された伝書を調査整理していた時、先生が30代の半ば頃にまとめたと思われる『身体鍛錬運動日課』があった。

鉄亜鈴に始まり、鉄槌、棒などの負荷を掛けた5種の運動が最初で、次に上げ手などの4種の合気運動、腕、肩等の5種の筋肉運動、両拳打下ろしなどの8種の拳の鍛錬、最後に鉄棒打込、足払練習、四股踏み、鉄下駄などの運動8種が並び、最後に水月、臍下丹田へ集力することと、合計31種の項目が並んでいた。

興味深いのは、その運動日課の目録の最後に、**「右運動は合気術鍛錬と平行して行うべし、数年にして達人の域に達すべし」**と、ご自分を励ます様なお言葉で締めくくっている事であった。

晩年の鍛錬

先生は、晩年まで日記を書いておられたが、その末尾には、必ず2、3行、各種の鍛錬法と、その回数を記録しておられた。各種目とも、百回単位であるが、直突き、合気、八角振り棒、腕立伏、四股、大木刀、変更等は千回単位であるのには、今更ながら驚いた。当然ながら、回数の多いのはそれだけ重視された鍛錬である。その中の「合気」であるが、御存命中に「合気単独鍛錬がある」とお聞きした、それと思われる。残念ながら、どのようなものか、詳細不明であるが、これについては次項でもう少し触れる。

先生には折りに触れて、日記の該当箇所を開きながら、その時、何をどれだけ鍛錬したかお聞きした。

その記録は、昭和35年から記録し始めたとお聞きした。

平成2年5月18日、87歳の先生は、心筋梗塞に倒れられ、1ヶ月間、東大病院に入院したが、退院当日に帰宅するや、変わらぬ合気技を見せられたのには驚いた。

その翌年、鍛錬を再開されたとお聞きした。

平成5年91歳の先生は、東大病院で、再検査を受けられ、運動負荷心電図を計測するために、その場で腕立伏150回を行い、周囲を驚かされた。

ここでは、鍛える部位で、鍛錬を、①躯幹（上体、腰、腹）、②上肢（肩、上腕、肘、前腕、腕関節〔手首〕、指）、③下肢（股関節大腿、膝、下腿、足趾（そくし））の3つに分類し、必要なものはそれを素手か、負荷をかけるか、あるいは単独動作か、相対動作かに分けて、それぞれの主要なものについ

column

佐川伝大東流 鍛錬の概観

佐川先生の鍛錬は、武田先生から習ったものではない。武田先生はほとんど鍛錬をされなかった。佐川先生は僅か二つをご覧になっただけである。一つは、日常よくしていた握力の鍛錬であり、もう一つご覧になったのが、牛若丸の剣術の稽古としてよく絵に描かれる、吊した棒きれを木刀で打つ練習であった。

晩年の武田先生が、足が弱かった事から、足腰の鍛錬の必要を感じたのが、先生の鍛錬開始の端緒であった。それから、鍛錬の方向は合気に必要な筋力の養成を目的とした身体各部の鍛錬へと進まれた。

そもそも、日本の武術には、専門種目の鍛錬として、形の動きをなぞる単独動作や、標的を打突する剣術や槍術などの鍛錬法の他には、身体各部分の筋力を鍛錬する様な錬法が伝承されている例をあまり聞かない。唯一の例と言えるのが幕末の平山行蔵（1759～1828）で、武芸十八般の鍛錬を目指したが、それとても各武器それぞれの操作の稽古が中心で、各武器を使用するに必要な筋力そのものの鍛錬ではなかった。

先生はこのように、日本武術に希有な鍛錬法の研究に進まれた。鍛錬法の伝承を受けた訳ではないので、その研究はご自身の身体を使い、鍛錬の効果を実験して、その効果あるものを採り、効果無いものを捨てていかれた。初めウェイトトレーニングを中心にした鍛錬で上半身が逆三角形の身体になったが、合気にはあまり役立たなかったため、これを止めたのはその“捨てた”例である。

30代の頃と思われる前項の『身体鍛錬運動日課』と、晩年の日記の記録を比べれば、多種目の運動を精錬して、少数の運動に集約していった事、少ない回数から始まり、沢山の回数の鍛錬になっていった傾向が分かる。

鍛錬の種類

鍛錬は素手で行うものと、道具を使い、負荷を掛けて行うウェイトトレーニングに準ずるものとに大きく分かれる。

道具としては、木刀、八角振り棒、木槍、鉄パイプ、棒、鉄棒、ハンマー、鉄下駄等が使われた。

また、一人で行う単独動作の鍛錬と、二人で対して行う相対動作の鍛錬（合気揚、体捌当技、並びに、広くは大東流技法の練習もこれに含まれる）とに区分できる。

鍛錬の目標

共通して感じられるのは、多くは打撃時に必要な速筋の鍛錬。上肢下肢の筋力も勿論であるが、身体の要である腰腹と躯幹の鍛錬にも配慮されている。強固な身体から柔軟な身体へと目標が変化した。筋力鍛錬を中心とした鍛錬法の他にも、柔軟運動も（詳細不明ながら）しておられた。平成9年3月14日には、「股割りして、左右に体を倒し、前に倒し、体を柔らかくする」とその柔軟運動の一端をお聞きした。実際、足を伸ばして座った状態から、体をべたっとその足上に倒されたのを見た事もあった。

鍛錬の伝授

伸ばしたいと思う人に、その人の必要なものを、その人に伝授した。だから、門人一人ひとりが伝授された鍛錬の内容は、数量も、内容も異なる。

教えを受けた門人は、それぞれが、何らかの鍛錬を続けている。

て、ご紹介する。

①躯幹の鍛錬

■腕立伏臥

先生は腕立て伏せを、両手の筋力の鍛錬として位置づけると同時に、躯幹を鍛える鍛錬として重んじておられた。先生が腕立て伏せや指立て伏せを、鍛錬しておられるのを聞いていたが、見たことはなかった。

平成元年6月30日に、先生に腕立ての方法を見ていただいた事があった。この時、「両肩に無駄な力が入らないように、速く腕立て伏せをせよ」とご指導いただいた。快速で腕立て伏せを30回ほどして、「こんなで良いでしょうか」とお尋ねすると、「まあ、そんな所でしょう」と言われた。

■腰の鍛錬、腰腹筋の鍛錬

先生の鍛錬の成果である手足の太さは、日常のお姿からも垣間見る事ができた。しかし、先生の腰と下腹の筋肉が異様に発達していることは、後年、先生にお供した温泉旅行ではじめて拝見して大変驚いた。先生の腰から、臍下丹田にかけて、筋肉が帯状に盛り上がり、まるで筋肉の帯かベルトを締めているようであった。勿論、この筋肉の帯も先生の鍛錬の成果であり、それこそが、下肢と共に先生の体をしっかりと支え、手や体(たい)の合気を生み出しているのだと納得できた。

では、その様な筋肉の帯を生み出した腰の鍛錬。腰腹筋の鍛錬とはどのようなものであったのだろうか。

■腰の振り手鍛錬

足を肩幅か、それよりやや広く立ち、両手を左右にデンデン太鼓の様に、腰に巻き付ける様に振る。右に振った場合、左手掌が右側腹部、右手掌が左腰に当たるようにする。

この動作は、中国の気功の定歩叩丹田とほぼ同様である。

■足揚げ

足を揃えて本体（自然本体）に立ち、両手を左右の腰に当てる。この時、親指を前とし、四指と手掌を後腰に当てる。その位置より、片足づつ、足を前方に、足が床と水平になるまで振り上げる。膝は伸ばしたまま、大腿と下腿の後面が良く伸びるようにする。上体は真っ直ぐに保ったままにしている。

この鍛錬は、大腿部の前面にある大腿四頭筋に応える方

腕立て伏せ臥（指立て伏せ）

指立て伏せには当然、握力強化の意味合いもある

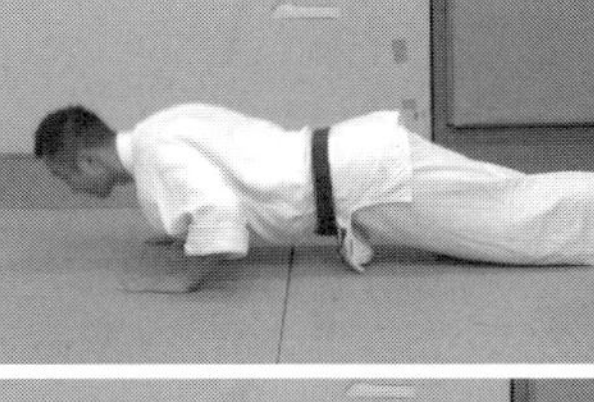

腰の振り手

③～④は後腰へ手甲を当てる別法

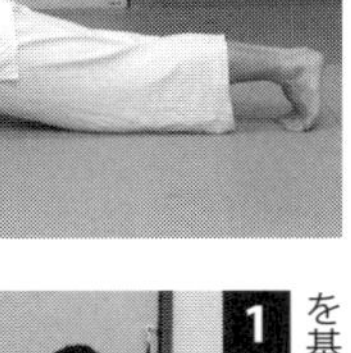

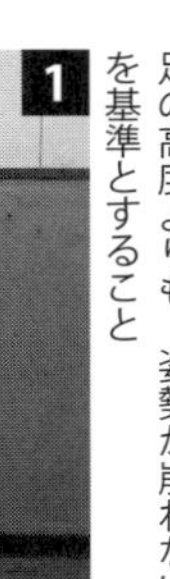

足揚げ

足の高度よりも、姿勢が崩れない高さを基準とすること

法であり、私（高橋）には50回もすると発汗が起こり、かなりきつい運動である。

この鍛錬は、下肢の鍛錬、蹴りの鍛錬の面もある。しかし、腰筋の鍛錬法の一つとして、先生から教わったのでここに入れる。

一度、先生の前にさほど間合いを開けず立った時に、先生の踵が私の顎まで蹴り出された。先生の蹴りの高さにも驚いたが、先生の上体が前後に乱れていないのにはさらに驚いた。その時の蹴りは、この動作そのものであった。

昭和49年1月20日に、師の蹴りを見た門人で、剛柔流空手のある道場の当時指導員クラスだった稲葉氏が言った。「先生の蹴りは、スナップが利いてい

て、空手でいう『蹴られた相手の体が腐る』威力がある」

■腰痛予防の法　後見（？）

これは、次のストレッチとともに、腰痛があった時に道場に出て、「腰痛を予防するにはこの運動をしなさい」と、先生自ら範示されて、教わった方法である。

本体に立ち、両手を左右の腰に当てる。この時、親指を前とし、四指と手掌を後腰に当てる。上体を右に捻り、右後下方にある右踝（くるぶし）を見る。次に、本体に戻り、左の運動を行う。

先生の日記に記されていた鍛錬の「後見」と言うのが、これであると思われる。

右後下方を見る時なら、右腰筋に力が入るのを右手掌で感じる。続けていると、左右の腰筋が段々に鍛えられていく体感が生じる。

現在私は60歳になり、腰椎、腰筋の衰えを感じてからは、この運動を中心に、その変法や他の方法数種の腰の運動をするのが欠かせなくなっている。

■先生より教わった腰ストレッチ

先生が自ら範示して、前項と同時に教えて下さったのが、仰臥して、両膝に両手を掛けて、両大腿を胸腹上に引き付け、腰背筋をストレッチするこの方法であった。

まだ、ストレッチなどをそんなに知らなかった時に教えていただいたが、今振り返ると、まさに現在のストレッチの理論に適った方法であるのに驚く。

腰痛予防法（後見？）

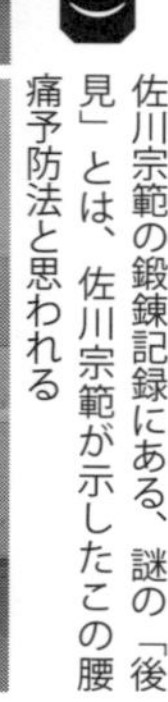

佐川宗範の鍛錬記録にある、謎の「後見」とは、佐川宗範が示したこの腰痛予防法と思われる

佐川式腰ストレッチ

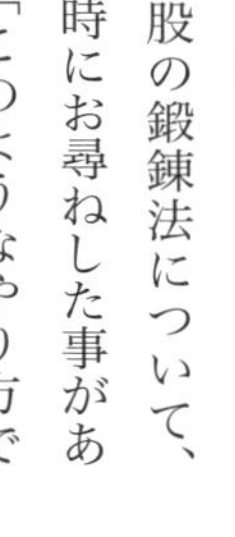

極めて簡単な、佐川宗範直伝の腰痛予防法

■ 四股（相撲の四股との比較）

両足で地を踏みしめる鍛錬。腰を作る効果がある。この鍛錬を先生が重んじた事については、今では門外まで、広く知られるところとなった。

四股の鍛錬法について、若い時にお尋ねした事がある。「このようなやり方でいいのでしょうか？」と、当時大学の体育実技の相撲で習った四股を踏んでみた。若かったので体も柔らかく、少しは四股を踏んでいたので、足も結構高く上がった。しかし、先生からははっきりしたお答えはいただけなかったが、どうも、それが先生の四股とは違う事だけは分かった。それで分からなくなってしまった。

随分年も経ち、後輩の佐久間（錦二）君が先生から四股を習った事を聞いた。そしてその法を教えて貰った。それがここの写真で、佐久間君が演じる四股である。私が知る四股とは全く違うので驚いた。

四股

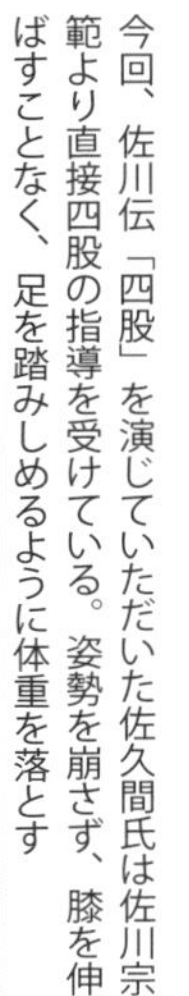

今回、佐川伝「四股」を演じていただいた佐久間氏は佐川宗範より直接四股の指導を受けている。姿勢を崩さず、膝を伸ばすことなく、足を踏みしめるように体重を落とす

1

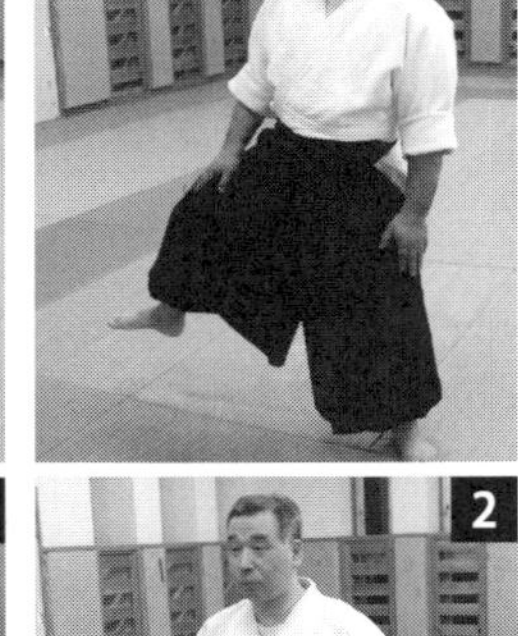
2

3

4

相撲の四股では、足を高く上げた際のバランス感覚も重視されるが、佐川式ではあくまで足踏みに重きが置かれているようだ

佐久間君は、先生の教えに基づき良く鍛錬して、その成果を上げたので先生にかわいがられて、種々の鍛錬法を教わっている。

また木村達雄師範は、四股の鍛錬で腰を作り、強力で、抵抗力抜群となったので、よく先生から誉められた。

■腰の習練（相対動作）

二人組みの腰投げ技法の練習で腰を鍛える。

この「腰の習練」は、本来は一元逆手取りの前に、腰の活用・鍛錬を目標に、腰投げを技法として修練するもの。昭和27年の『大東流合気護身術教本』には、「腰之習練十ヶ条」が二級の技法としてあげられている。

しかし、私が入門した時点で、すでに殆ど省略されていて、僅かに一元逆手投の中に「胸捕横面打逆手投」として残されている。

これを我々の若い時は、先生から「横腰に敵を乗せたまま両足を20～30回屈伸して、腰と足の鍛錬をするように」と指導された。

②上肢の鍛錬

上肢の鍛錬には、腕立て伏せ、指立て伏せも含まれる。また、合気基本体練（第3部参照）には、肘打ち各種の錬法が含まれているが、上手くやれば肩関節を柔らかくする効果も期待できる。

この他、打撃動作として突き、手刀打ち、蹴りがある。素突きだけでなく、先生はサンドバッグ使用の鍛錬もされた。私が入門した時には、道場入り口の近くの柱の下部に、帆布製のサンドバッグが立てかけてあった。

合気基本体練には、中段直突、中段逆突の錬法がある。

■合気揚

合気揚は手首に力を集中する事と、腕関節を鍛える意味がある。

合気揚は、合気に適った素直な力を出して、相手の重心を崩すことを学ぶ練習である。また、武術全般に必要な腰と腹を練る練習でもある。

さらに、手の内を鍛える練習であり、相手の攻撃を相手に掴まれた部分の皮膚で察知する能力を養成する入門の練習でもある。

腰の習練（相対動作）胸捕横面打逆手投

敵が左で胸捕して、右で横面打に攻める。我は、左で打落とし、右で手首を取り、左足を、敵前に進め、左で敵の腰を抱え、敵体を我が左腰に乗せ、腰投にする（①～④）。そのまま両足屈伸で足腰を鍛える（⑤～⑥）

しかし、手に限定すれば、対人で手の、特に手首の力を鍛錬する意義がある。敵は手を抑える力を、我は手の揚げる力を鍛錬する。

合気揚を練習するには、少々注意しなければ、効果が上がらない。

●背筋を伸ばして、上体を真っ直ぐに保ち前後に倒さない。

●肩、腕に力を入れない。換言すると全身の筋肉の無駄な緊張を抜き、素直に行う。

●両足は正座したままで爪立てない。

●腰を両足の上に下ろして動かさず、上げず、自分の重心を崩さない。

●初心のうちから無理な力を入れて互いに頑張って練習しても何の成果も生み出さない。また、反対に全く力を入れないで、軽く手を置いただけで、相手が上げるのを手を放してしまったり、微細な力にも過敏に反応しあっても、互いの練習に全くならず、小さい仲間内だけの戯れに過ぎなくなる。

●瞬時に、相手を崩せるのが理想であり、ゆっくり上げ下げし過ぎるのもまずいが、パッパと早く上げ下げして、回数をかせぐような如きも、初心者に役立たない。

●特に上級者の場合は、初心者を導く上で注意を要する。相手の能力を伸ばして、素直な力を育てられるように、抑える力を適宜強弱する。

●初心者の揚げるのを単に力で妨害したり、反対に、相手が揚げると簡単に抑える力を抜いては、相手を導くことにならない。

●相手の手を揚げる方向が正しければ、時には、腰を上げて崩れてやり、浮き崩れる方向を悟らせるように指導することも大事である。

先生は「合気揚の中に合気の極意がある」とたびたび言われた。合気揚は初学入門の練習であるが、そのまま合気の極意に通じる第一の関門である。正しい練習方法をとる必要がある。

本部道場では、立取の合気揚の練習はあまり行わないが、敵に両手捕をされた場合、まず合気揚するのは大東流の原則である。上級に進めば、敵に両手捕される想定の技法を数多く習うが、その場合も必ず合気揚する。

立取の合気柔術の基本と見なせるものである。要領は座取と同じである。

両手首捕合気揚　座取

正座して、敵と向き合う。敵は我の両手首を上から取り抑える。
我は相手に掴まれたまま、指先を先頭に両手を前上方に円弧を描きつつ螺旋状に揚げて、相手の重心を揚げ崩す

両手首捕合気揚　立取

互いに本体に立ち、敵と向き合う。敵は右足を出し、我の両手首を上から取り抑える。
我は、右足を出し、相手に掴まれたまま、指先を先頭に両手を前上方に円弧を描きつつ螺旋状に揚げて、相手の重心を揚げ崩す（以上右技）

武器を利用した負荷鍛錬

■振り棒

振り棒は先生が重んじていた鍛錬の一つである。入門当時から、1日1000回。年365000回振った事をよくお聞きした。

振り棒には、本来の剣術の斬り込む線の養成の他に、握力の強化があり、ひいては合気集中力の強化に繋がる。

振り棒の効果は、手の鍛錬であるだけでなく、全身、特に躯幹の鍛錬になると考えておられた事が分かる。

私は振る方法について、真っ直ぐに振る、回して振る方法もあるとお聞きした。真っ直ぐに振る方法ではとても1000回は振れなかった。回して振る方法も試したが、1000回振ると小一時間掛かり、汗びっしょりになった。その上まずい事に手掌に豆ができてしまい、仕事の針灸に差し支えるので、それを理由にして挫折した。恥ずかしい事である。

振り棒の鍛錬法は、田口師範が先生の振られるのを見られたが、左右に流して振る方法であったという。

なお、先生は一時期、腰を痛められた。その時も「座ってやると振れる」と言って、鍛錬を継続された。しかし、当時は私は知らなかったが、これは腰にとって大変危険な方法であった。この鍛錬をされたために、腰痛をさらに悪化され、ついには腰が曲がってしまわれた一因と思われる。

■剣術素振りと刀尖集力相互練習

剣術は、二元の講習に付随して、教授された。この時、剣の把握法、中段より、左右の足を交互に出す、独特の切り込み法を教授された。

剣の素振りはこの方法を行うと思われる。

また相対稽古として、相手と向かい合い、中段から左右の足を交互に出して、相手の上段を左右交互に打ち合った。甲源一刀流を教わった時、最初に必ず練習したのが、この方法であった。

この方法を、打突時の手首の力の入れ方を練習し、互いに打ち合い、打撃力の増強を図る目的の第一の基本練習として位置づけ、「刀尖集力相互練習」と名付けておられたのを知ったのは先生没後、先生の残された伝書を整理している時であった。

なお、五元・六元にて学ぶ棒術の練習においても、重い棒を振ることにより、握力の強化、合気集中力の強化になる。また、「刀尖集力相互練習」に倣(なら)い、二人向き合い行

振り棒

佐川宗範愛用の振り棒

高橋師範は木刀素振りのように振り棒を振る方法を指導されたというが、ここでは田口師範が学んだ体捌きをともなう振り方を紹介する。左右の足を入れ換えても、武器を同様に扱うのは佐川伝の特徴の一つ

1 2 3

4 5 6

う「棒尖集力相互練習」を、私は現在、五元棒術練習の中心としている。

刀尖集力相互練習

■槍術の鍛錬（槍術基本六尺棒術）

槍は重いので、槍術は剣や棒よりさらに手を鍛錬する効果がある。そこで私はこれを初心の内から採用したいと考えた。しかし、合気槍術は九元の教課である。そこで、槍術の基本として六尺棒術を採用している。

六尺の長さの棒を自由に操作するのは、初めての人にはなかなか難しい。しかし、その基本技術を修得すれば、それより一尺五寸ほど長い、七尺五寸の長さの槍術に移行しても、体構え、基本操作がほぼ同様であり、困難がなく、都合が良いからである。

その上、六尺棒術の基本技術があれば、それより短い五尺の合気棒術も、四尺の長さの杖術の操作にも、さほど困難を覚えない利点がある。

槍術の扱き（突き出し、引き絞り）や相互練習も重要な鍛錬であるが、今回は割愛する。

これらの上肢の負荷を掛けた鍛錬は、大東流の基本の逆極技の施技時に使用する筋力、反対に逆極技で攻撃された時の抵抗力を養成する意義がある。

六尺棒術相対練習（槍術基本）

六尺棒術の相対練習である。相手の棒を払って突く。これは、そのまま槍術の基本練習に繋がるものである

③下肢の鍛錬

大腿、膝、下腿、足を鍛える鍛錬であり、打撃の蹴りは合気基本体練にも含まれるが、相対動作としては体捌当技で練習する。

負荷を掛けた練習としては、特殊なものでは蹴りなどで鉄下駄が使われたが、体を壊されたのでこれは止められた。蹴りの練習としては、サンドバッグも先生は使われた。

変更

いわゆる「体の変更」とも呼ばれる、両足先を軸として体の向きを変更する鍛錬。ここでは、両手を合気揚の要領で前方斜め上方へ上げる方法を紹介する

■ **変更**

体の向きを変える鍛錬。敵の力を外し、逸らす点で重要で、「大東流の体捌の特徴である」と先生は言われ、この鍛錬も重んじておられた。しかし、伝承する人によって小異がある。田口鉄也師範が学ばれたのは、両手を腰に置いて鍛錬する。

古い道場の幹部であり、平成5年に代師範を許された若林秀治師範は、当時よく道場でその鍛錬をなさっていたので教えていただいたが、その伝承する方法は、両手を左右に合気揚のように上げる方法であった。

私も、昭和49年3月19日に教えていただいた。後に、矢島啓幸師範が、先生より詳しく伝授された方法を教えていただいたが、それもこれまでの3つの方法とは、また相違点があった。

矢島師範は、師の教えを良く守り、変更の法を長年鍛錬しておられる。さらに合気の錬磨と共に、変更鍛錬のその成果もあってか、度々片手捕の合気が「力を入れて無くて上手い」と先生に誉められた。

秘伝にされた体捌・足捌

いまでもはっきりと覚えているのは、先生に二元の講習に付随する、剣術基本二十七本のご教授をいただいた時に、「大東流は体捌、足捌は秘伝で教えない」と言われたことである。

短刀の攻撃に対する技法の「凶器取」のご教授の時も、剣の攻撃に対する技法の「白刃止」の時も、同様のお言葉があった。

それでは、どうすれば良いのか。先生の体捌、足捌を見て覚えよという事であった。そのようにして、先生の体捌、足捌を懸命に覚えようとした。■

一元足捌歩法の分類

足捌歩法は秘傳であるとお聞きしたが、上級に進んで種々の足捌歩法を学んだ。しかし、やはりその基本となり、一番重要なものは、一元の段階の基本的足捌歩法であると思われる。なお、先生の『大東流合気護身術教本』には、足捌歩法に関して「移動」として「前進、後転、変転、変更、後変更」の５種が挙げられているが、少ないので敢えてこれを採らなかった。

その基本的足捌歩法をまとめると図のようになった。ただし、今回は比較し易いように、敵の攻撃をすべて正面打としたので、一元に出て来ない技法もある。仮に名称をつければ、前進、摺違、後退、後入身、横進、変更、前変更、後変更等になる。

① 一ヶ条押倒（前進摺違）

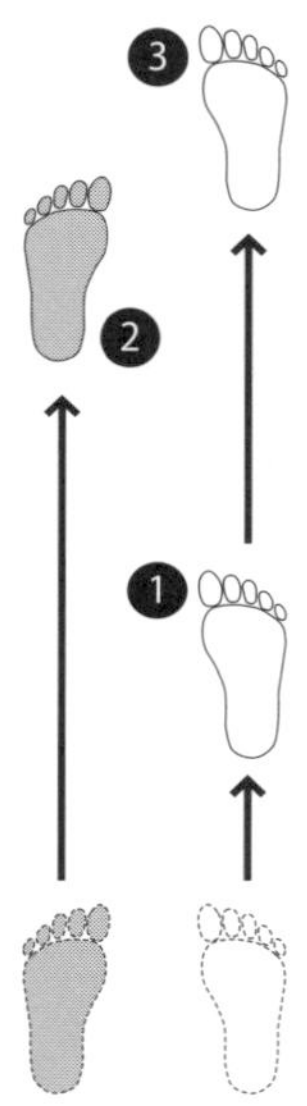

すべて、最初は自然本体の平行立ちから始まる。なお、②の逆手投の形で後入身すると同時に、左足で相手の右足を払い上げれば、佐川宗範が組み入れた「足之習練」の一端に相当するものとなる

② 逆手投（後入身）

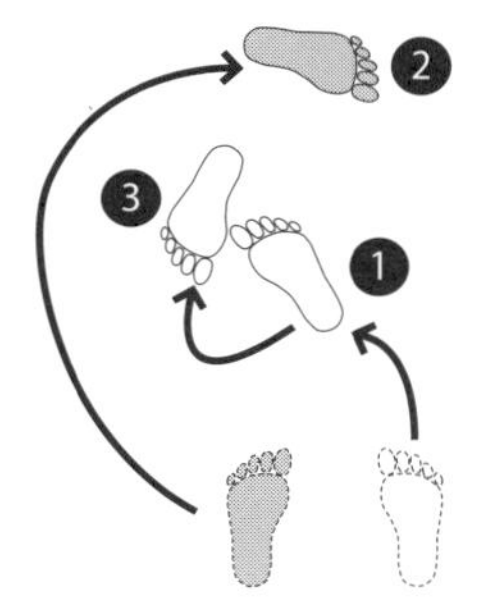

③ 一ケ条引倒（引き足）

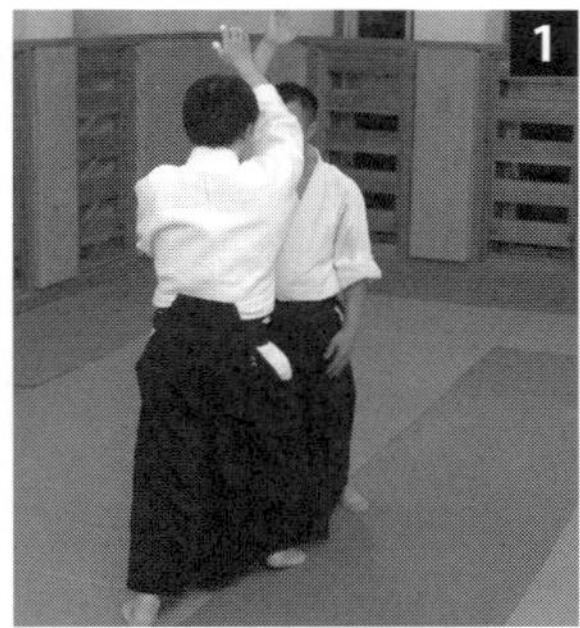

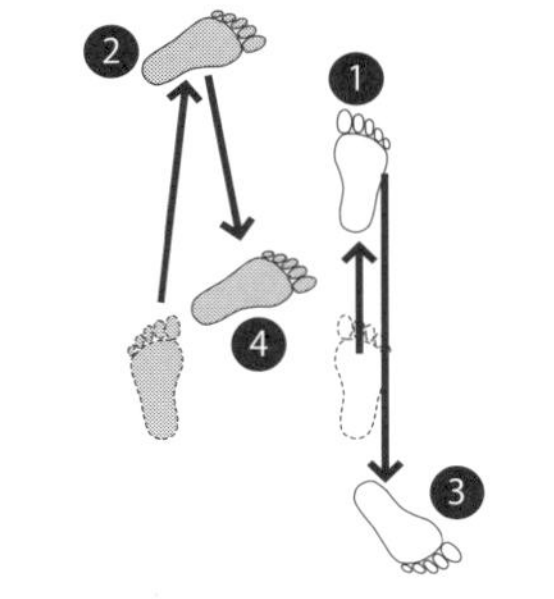

④ 体捌当技（前進送り足）

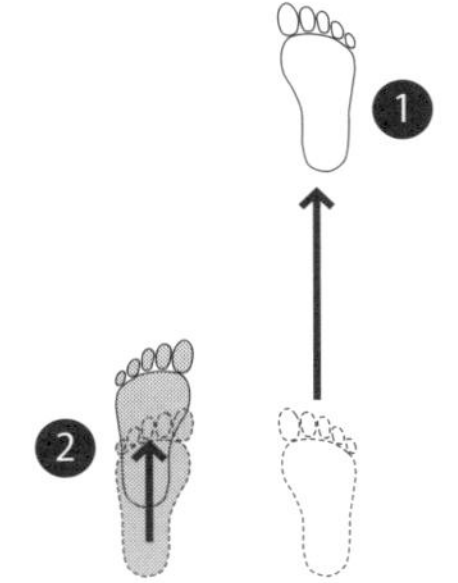

⑤ 出る小手返（横進）

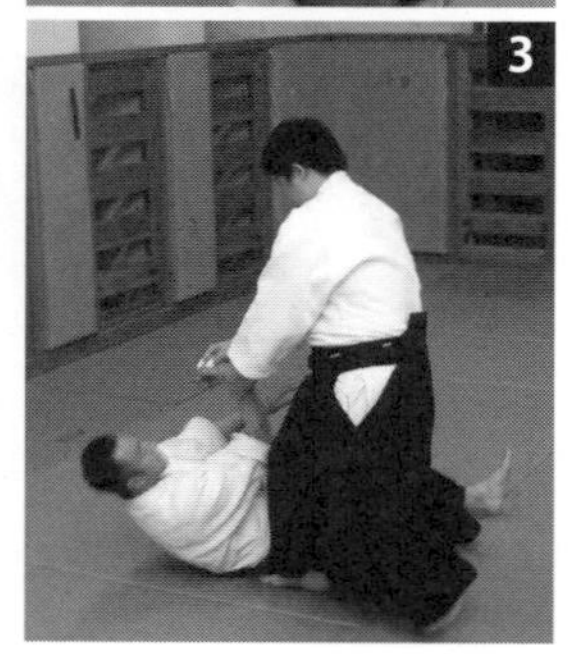

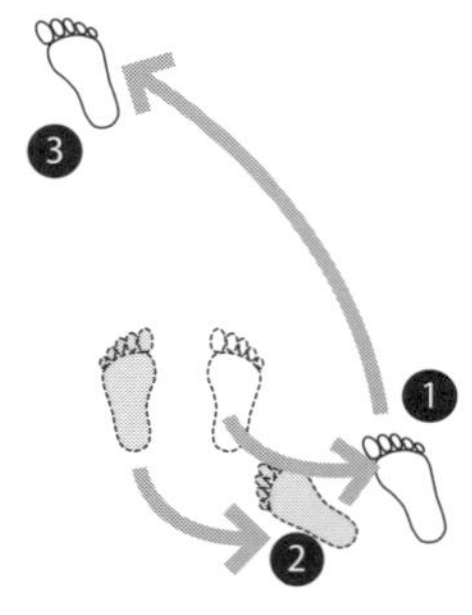

⑥ 変更より出る小手返（変更前進）

※以下、①の捌きが「変更」。そこから、小手返、前変更（相手を前へ投げる）、後変更（相手を後ろへ投げる）する

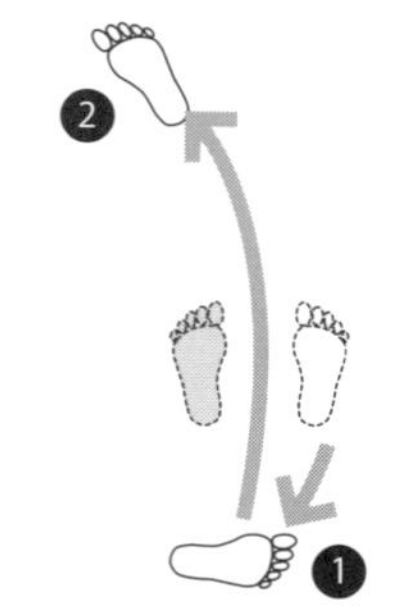

⑦ 四方投げ（前変更）

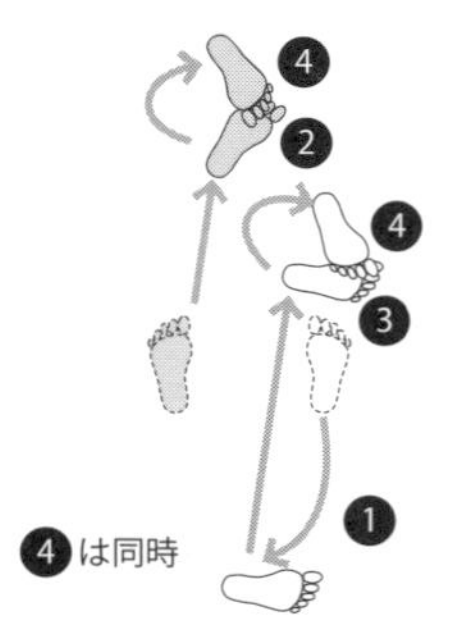

体の移動

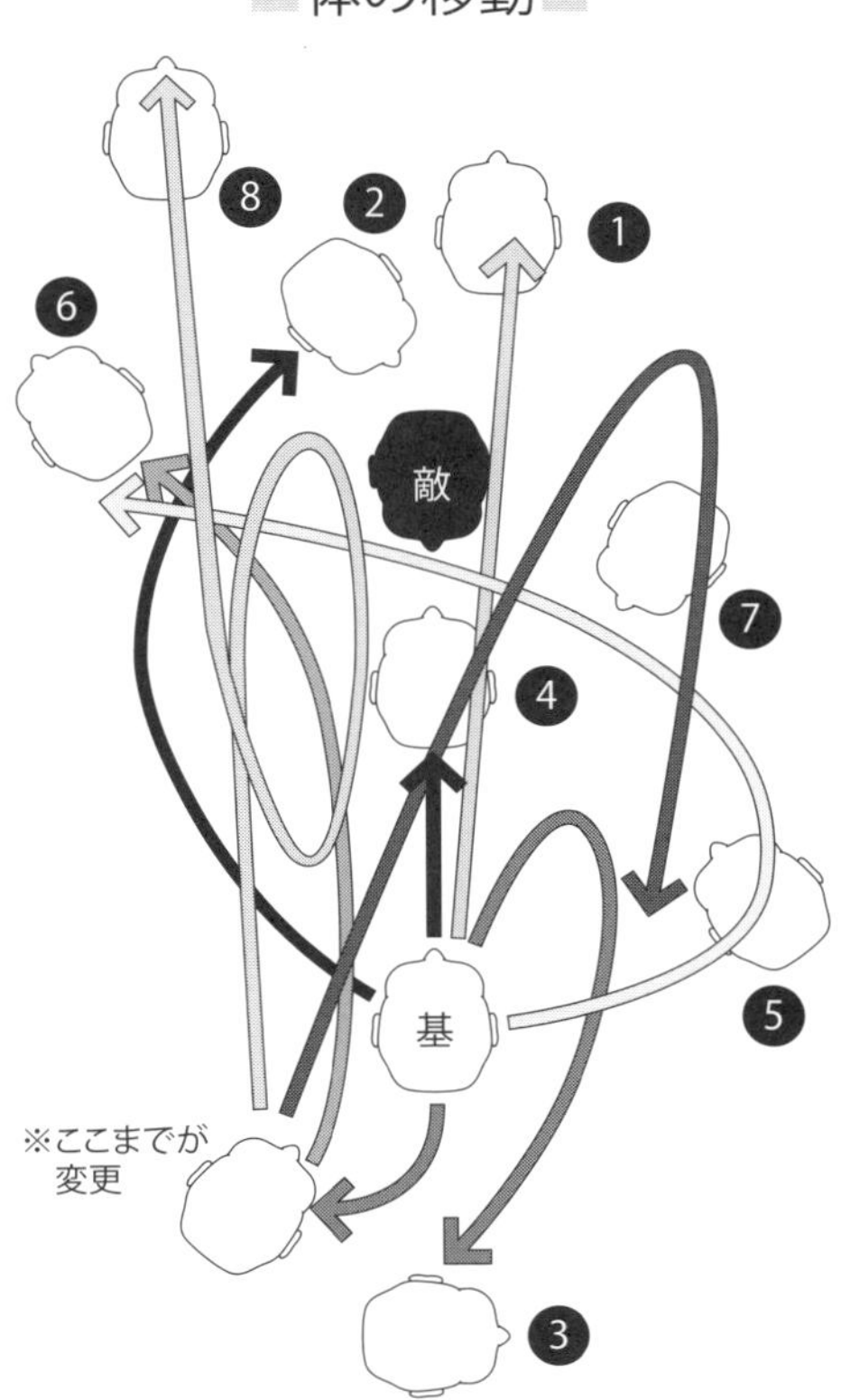

❶ 一ヶ条押倒
❷ 逆手投
❸ 一ヶ条引倒
❹ 体捌当技
❺ 出る小手返
❻ 変更より出る小手返
❼ 四方投（前変更）
❽ 四方投（後変更）

⑧ 四方投げ（後変更）

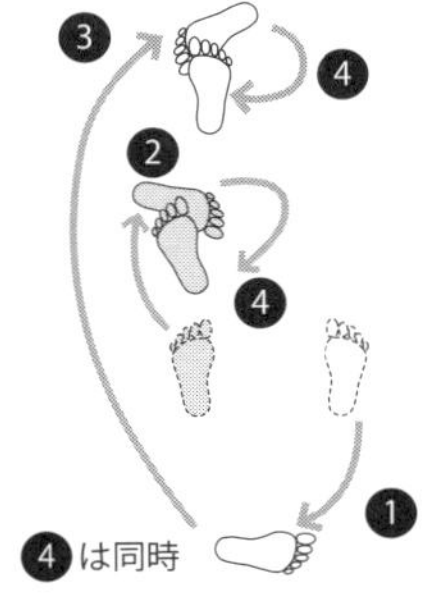

攻防兼備の〝合気〟への道

透明な力と合気基本体練

文◎高橋賢

合気とは何か

私は、昭和47年5月5日に先生に入門した。その日にはじめて先生より合気の説明を受けた。

その時、お聞きした「合気とは相手の力を無力化する事」という合気の防御面でのお言葉が、門人に浸透していたが、合気の攻撃面については忘れられていた傾向があった。しかし先生は、攻防共に合気があると仰っていた。

攻撃における合気であるが、先生は昭和20年代末頃に、入門希望者向けに作成されたリーフレット『大東流合気護身術沿革及入門申込書』の「大東流合氣武術流統及特徴」において、

「合気充満の腕にて敵の関節をうてば、その関節を打折る事自由なり。顔面其他をうてば勿論骨折する。又合気の手にて敵をつかむ時は、敵の力は抜け、敵の体痺れ苦痛に堪えられず」

と、合気の攻撃への応用を説かれている。また、先生はよく「合気の集中力」と言われていた。この文は、合気の集中力についての解説とも言える。

合気の集中力から透明な力へ

ところが、先生は後に、「透明な力」という言葉を段々使われるようになり、「合気の集中力」は段々使われなくなっていった。「透明な力」を私が最初にお聞きしたのは、昭和61年7月18日である。

私は、先生が晩年に命名された「透明な力」とは、「合気の集中力」の進化し、先鋭化したものと考える。

すなわち、合気とは、防御の面と、攻撃の面への発露があり、防御の面では〝対把握の合気〟と〝対打突の合気〟

がある。また、攻撃の面では〝合気集中力〟を使うが、その先鋭化したものが〝透明な力〟である。その力の発揮が我々の遙かな目標である。

いずれの合気にしても、我々凡人には大変修得の難しいものであるが、先生でさえ、「鍛錬して出来るようになった」と言っておられる。先生の編んだ合気教程と、合気鍛錬の模索により、その高嶺に少しでも近づきたいと願っている。

未見に終わった合気の単独鍛錬法

昭和63年3月14日には、秘伝の合気単独鍛錬法についても言及された。

この合気単独鍛錬法を、はっきりと習ってはいないが、私の修業ノートを見ていくと、その方法に対する暗示的な教えと思われるものが、幾つかある。

さらにもう一つ、注目すべき体験があった。

平成2年5月18日、先生が心筋梗塞に倒れられた。その夜は、幸い道場に来ていた当時東大病院の医師木村健次郎さんと私が当直となり、先生のお休みになっているお部屋の外から先生の様子をうかがう寝ずの番をした。以降は門人数人づつが当番を組んで、寝ずの番をした。

ある夜、先生が「もう駄目かな」と言われながら、体の一部を確認されておられるようなお姿を拝見した。その後も何回かその事が見られたので、私も含めて、当直した者はその様子を見ている。それは合気の単独鍛錬法にとって、なんとも示唆に富むものであった。■

合気基本体練

合気基本体練は、ラジオ体操のような躯幹・上肢・下肢の運動と、突き・肘当て・蹴りの打撃と、呼吸鍛錬法（調息）の 3 種類の単独動作で構成されている。

合気基本体練は、この名称から言えば「合気の基本の体練」であり、先生秘伝の合気の単独鍛錬法のヒントになるものがあると考える。

ここでは全 20 種（前出『大東流合気護身術』によれば 30 種とも）の中から 3 種を紹介する（なお本来は名称はない）。

合気基本体練7「調息合気揚」

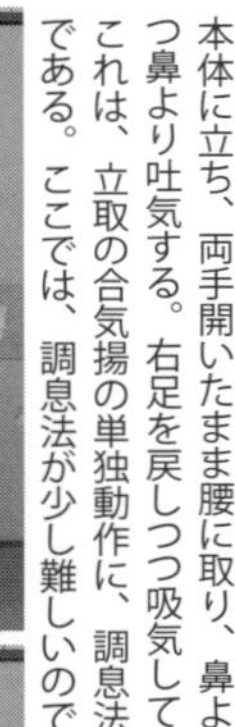

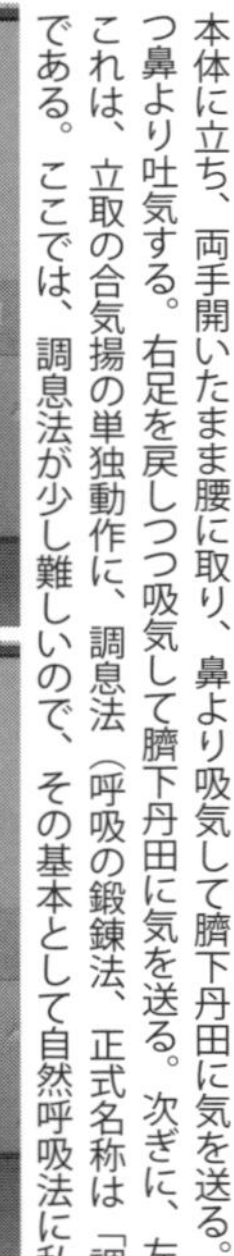

本体に立ち、両手開いたまま腰に取り、鼻より吸気して臍下丹田に気を送る。右足出し両手前上方へ半円を描き挙げつつ鼻より吐気する。右足を戻しつつ吸気して臍下丹田に気を送る。次ぎに、左足出し同じく前動作を反復する。
これは、立取の合気揚の単独動作に、調息法（呼吸の鍛錬法、正式名称は「調息集気丹田錬胆法」）を組み込んだものである。ここでは、調息法が少し難しいので、その基本として自然呼吸法に私が修正したものを紹介した

合気基本体練4「左右開き拳打ち」

本体に立ち、両腕を胸前に右手上、左手下に重ね（①）、左右真横へ水平に開きつつ、集力して堅く握る（②）。次で、両腕胸の位置に戻して、左上右下に重ね、左右に開きて、握拳集力する動作を反復する。

（大東流合気護身術教本）

この方法は体操としては、単純な上肢の体操のようであるが、実は、合気拳法の基本打撃動作に繋がるもので、これを実戦に使った例を先生にお聞きした

合気基本体練23「後腰集力動作」

本体より両足の間隔やや広くして立ち、両膝に両手を乗せて、両膝を曲げ、上体を真っ直ぐに保ったまま、後腰に集力する動作を反復する。　別法として、両膝を曲げたまま、後腰に集力する動作を続ける方法、後腰に両手を置く方法もある。

この方法の主眼は後腰の鍛錬にあるが、膝を屈曲したままの維持による下肢の鍛錬の意義も兼ねる

1

2

上体が傾いたり、出ッ尻となってはいけない。尾てい骨を丸めるように後腰を伸ばすように意識する

体捌き・合気・当技が結合した重要基本技法

師曰「当身も大事だが、体捌当技が一番の合気の基礎」

文◎高橋賢

基礎から秘伝となった打撃技法体系

体捌当技とは、敵の種々の攻撃に対して、体捌きと手捌きでこれを防御して、最後に当身を入れる技法であり、体系に編成されている。

元は「振解当技」とされていたとのことだが、後に「体捌当技」と変えられた。これには、敵の把握などの攻撃に対して、振解（いわゆる手解き）によって単に〝防御〟する事から、体捌と合気をより強調することで〝敵を崩す〟事に重きを置いた技法に変更されたために、名称も変えられたものと思われる。

「私が入門した時点で、すでに『体捌当技』でした。その時点で、道場で多く練習されていたのは、正面打、上段直突、横面打、胸捕、袖捕、片手捕、両手捕、内手捕の各体捌当技などで、道場に置かれた課程表にもそのように書かれていました。しかし初心の時、私が一元の技法を教えて頂いたのは田口師範でしたが、一元で逆極技に制圧する想定の全てに対して、逆極技に入る前に体捌当技を教えて頂きました。

本来、佐川幸義先生伝大東流では、一元の逆極技で制圧する逆極捕りの前段階として、5級で体捌当技の技法を学ぶ体系でしたが、段々、体捌当技は省略される傾向にありました。

さらに最晩年の3年間程は、入門者に最初の一ヶ月は体捌当技を教えるものの、二ヶ月目に体捌当技を指導すると、先生に叱られました。最初に教える体捌当技は、初心者に

やむを得ず教えたもので、その技術はほとんど秘伝の扱いでした。

体捌当技は、すでに私が入門した時点でも、先生は『大変重要な技法である』としばしば仰っていました。考えてみれば、敵の種々の想定に対して、体捌と共に合気して敵を崩し、当技で攻撃する技法であり、先生が秘伝とされた合気拳法の基本ともみなせます。この体捌当技だけで敵に対応できれば、一つの理想になると思います」（高橋師範）

そこで現在、高橋師範は体捌当技の最重要な基本技法として、正面打、片手捕、両手捕、中段直突の各体捌当技等を選んで、道場で必ず門人が練習する事としているという。■

体捌当技「正面打」（足捌：前進）

敵が正面打に攻め来る。自然本体より、右足前進し、敵の打ち手を右で揚受て崩し、敵の右脇を左で突く（写真①〜④）。　単純な技法であるが、敵の打ち手を受ける技法は、合気拳法の上段防身の内の一つで、手を揚受するだけでなく、敵体を後方に崩すようにする。

これが発展して極意の段階になると、先生のされた合気拳法の技法になる（佐川宗範「合気拳法初伝防身上段」参照）。

佐川宗範による合気拳法初伝「防身上段二十ケ条」

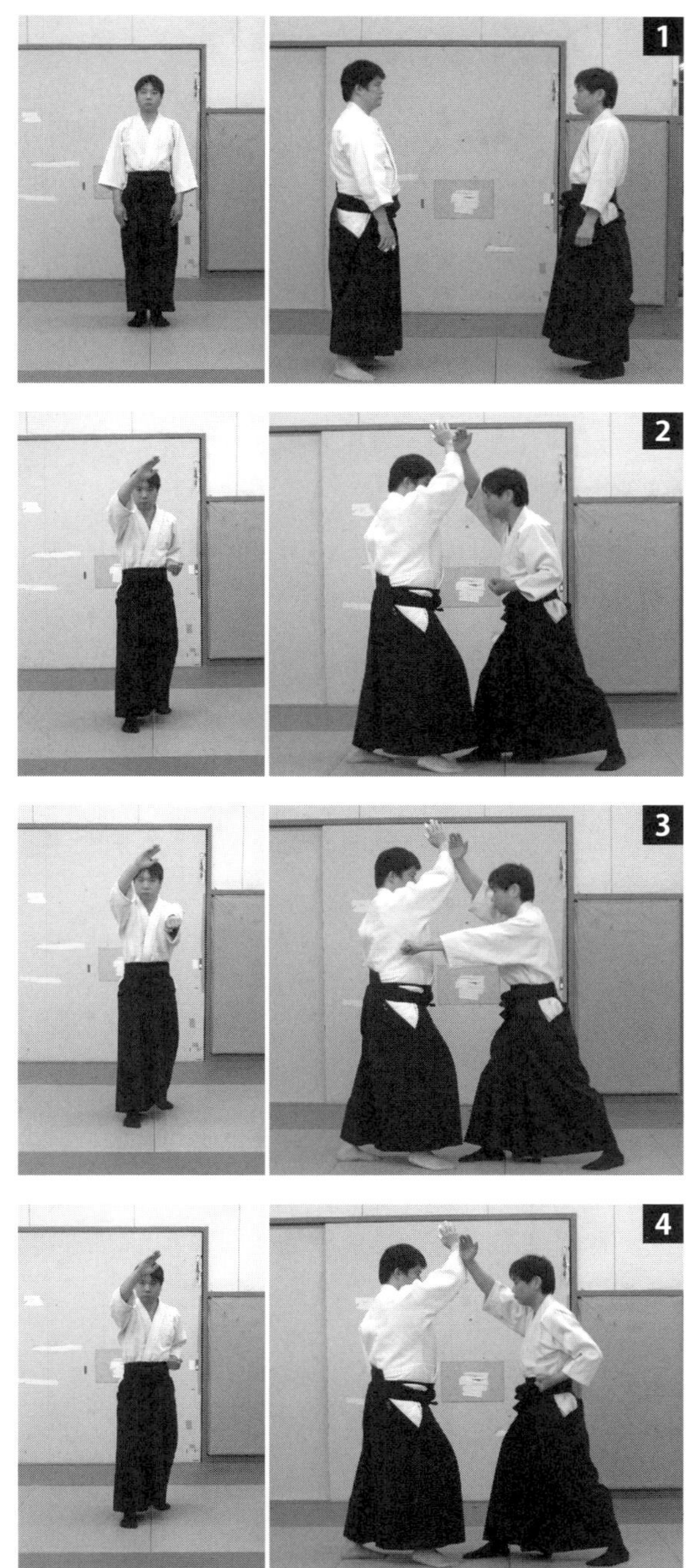
1
2
3
4

体捌当技「片手捕」（足捌：前進入身）

この技によって、先生が「振解当技」から「体捌当技」に名称を変えた意義が分かり易い。古流柔術の手解では、片手捕の場合の代表的な対応法の「上げ離し」（次頁参照）であるが、敵手を上げて離すのみで、相手の体を崩す事をあまり重視してはいない。

この片手捕の合気が発展した極意技が、先生のされた片手捕の合気投である（佐川宗範「合気柔術片手捕合気投げ」参照）。

佐川宗範による合気柔術「片手捕合気投げ」

敵が右足を進めて、右手で我が左手を取る。左足を前に進め、左片手で合気揚して、敵体を後方に崩す。

敵手はそれ以上上げたら離れる寸前である（写真①〜②）。

右手で敵手首を取るや、少し手を上げて敵手を無理なく離し、左足を少し敵右足後に入れるや、左裏拳で敵顔面を打つ（写真③〜④）。

※参考（前頁より）・「振解」（ここでは「上げ離し」）によって敵の把握を外し、反撃する技法は、天神真楊流など古流柔術の手解きや他派の合気系柔術においても、基本技法として重視されている。合気はここから発展したと考えられる

体捌当技「両手捕」（足捌：変更）

敵が右足を進めて、両手捕する。我は左足を前に進めつつ、合気揚して敵体を崩す（写真①）。右足を左後方に回し引いて変更しつつ、離れる寸前の状態にある敵右手首を、右手首で切り離す（写真②～③）。そのまま右手甲で敵右手甲をからみくっつけて、敵体を左回転させつつ、左上方に崩し、隙のできた敵の右脇を左拳で突く（写真④）。

この両手捕の合気の一法が発展すると、先生の両手捕の合気投、合気極めの極意技となる（佐川宗範「合気柔術両手捕合気投げ」参照）。

佐川宗範による合気柔術
「両手捕合気投げ」

体捌当技「中段直突」(足捌：変更)

敵が右で中段直突に来る。自然本体より、右足を丸く左後方に引き、体を変更しつつ、敵突き手を左手で打落し抑え（写真①〜②）、直ちに、右足で前蹴りして足を元に戻す（写真③〜④）。

ここで挙げた写真（下写真）は、佐川道場へ入門して黒帯となったオーストラリア人、ジェニーさんへ先生が指導された時のもの。その中でも、先生が「打ち」をされているのが、この珍しい写真である。写真では突き終わった後の、拳が開いた状態となっているが、先生御自身による中段直突の雰囲気がよく伝わるものと考えるので、あえて掲載する。

佐川宗範による体捌当技（受）「中段直突き」

1

2

3

4

佐川道場直門人 初の支部／東京学芸大学 合気武道部

佐川伝大東流〝合気体操〟

文◎野村暁彦

東京学芸大学支部の誕生

小原師範が入門した頃の佐川道場では、初傳初段を取得するのに「5～6年かかる人もいますよ」と言われていた。しかし、小原師範の入門により、佐川宗範の考えが変わり、短期間で昇段できるよう〝年間120回の出席（1月10回の出席）〟という課程を設けた。

当初これは小原師範のための課程だったようだが、それ以後の佐川道場の初伝取得までにおける過程は、これに沿った形で進められることになっていった。しかし当時、1月に10回出席者は極稀であった。120回に達しても、間延びした者には昇段させなかった門人も多かったと言う。

東京学芸大学に進学した小原師範は、黒帯を取得すると、学内に「合気武道部」を設立した。佐川宗範が、昭和46年（1971）というこの時期に、支部として道場の外で弟子が活動することを許すのは、特例中の特例だったと言える。若いにも関わらず、総本部直門人の中では小原師範が初めてだったことからも、その卓越した能力への信頼が分かる。それだけ佐川宗範が小原師範の才能と実力を認めていたということなのだろう。

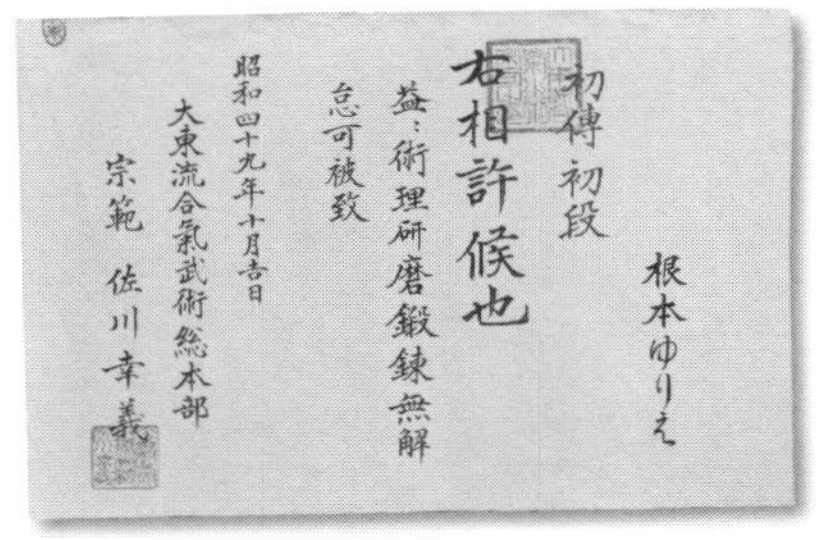

初傳初段

根本ゆりえ

右相許候也

益々術理研磨鍛錬無解怠可被致

昭和四十九年十月吉日

大東流合氣武術総本部

宗範　佐川幸義

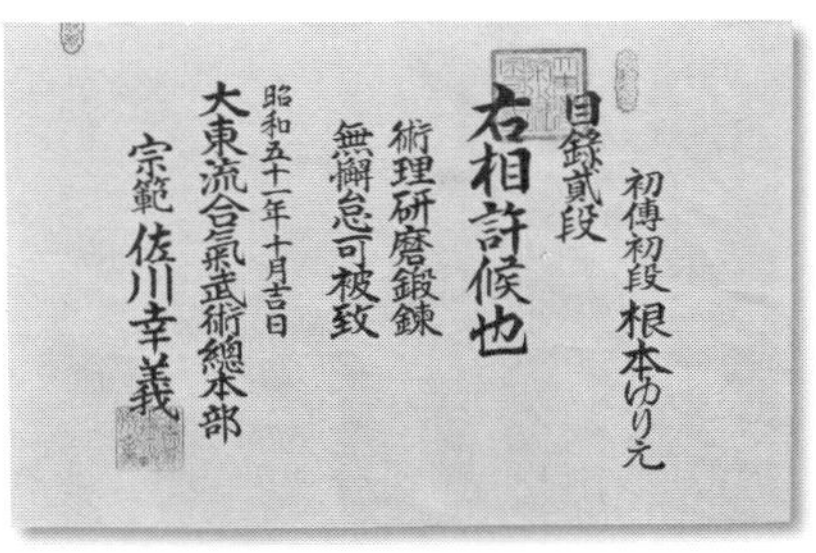

初傳初段　根本ゆりえ

目録貳段

右相許候也

術理研磨鍛錬無懈怠可被致

昭和五十一年十月吉日

大東流合氣武術總本部

宗範　佐川幸義

東京学芸大支部の部員へも段位が発行された。右上は小原師範の奥様、旧姓：根本ゆりえさんが受けた昭和 49 年（1974）の「初傳初段」と、同 51 年発行の「目録弐段」の免状。上写真は目録二段を授与した時、佐川宗範御自宅の縁側にて談笑する若き日の小原師範ご夫妻。

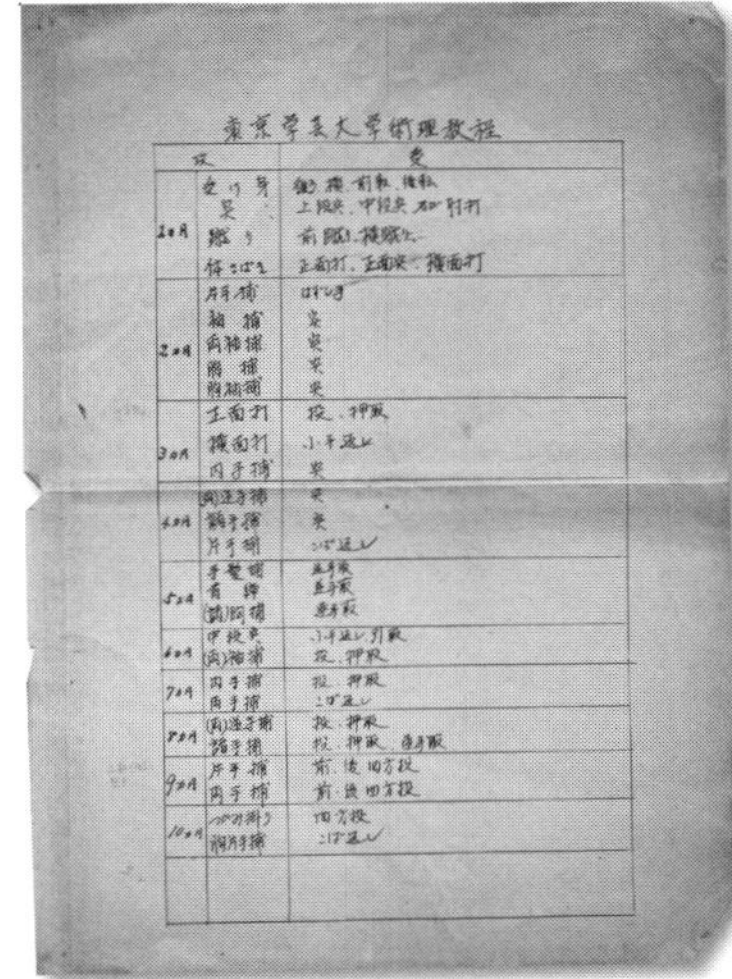

東京学芸大学術理教程

段		受
1ヶ月	受け身	[illegible]、前転、後転
	突	上段突、中段突、ワン・ツー打
	蹴り	前蹴り、横蹴り
	体さばき	正面打、正面突、横面打
2ヶ月	片手捕	はずし
	袖捕	突
	両袖捕	突
	肩捕	突
	[illegible]	突
3ヶ月	正面打	投、押取
	横面打	小手返し
	両手捕	突
4ヶ月	(両)逆手捕	突
	諸手捕	突
	片手捕	小手返し
5ヶ月	[illegible]	[illegible]
	[illegible]	[illegible]
	[illegible]	[illegible]
6ヶ月	中段突	小手返し、引取
	(両)袖捕	投、押取
7ヶ月	両手捕	投、押取
	両手捕	小手返し
8ヶ月	(両)逆手捕	投、押取
	諸手捕	投、押取、[illegible]
9ヶ月	片手捕	前、後四方投
	両手捕	前、後四方投
10ヶ月	[illegible]	四方投
	[illegible]	小手返し

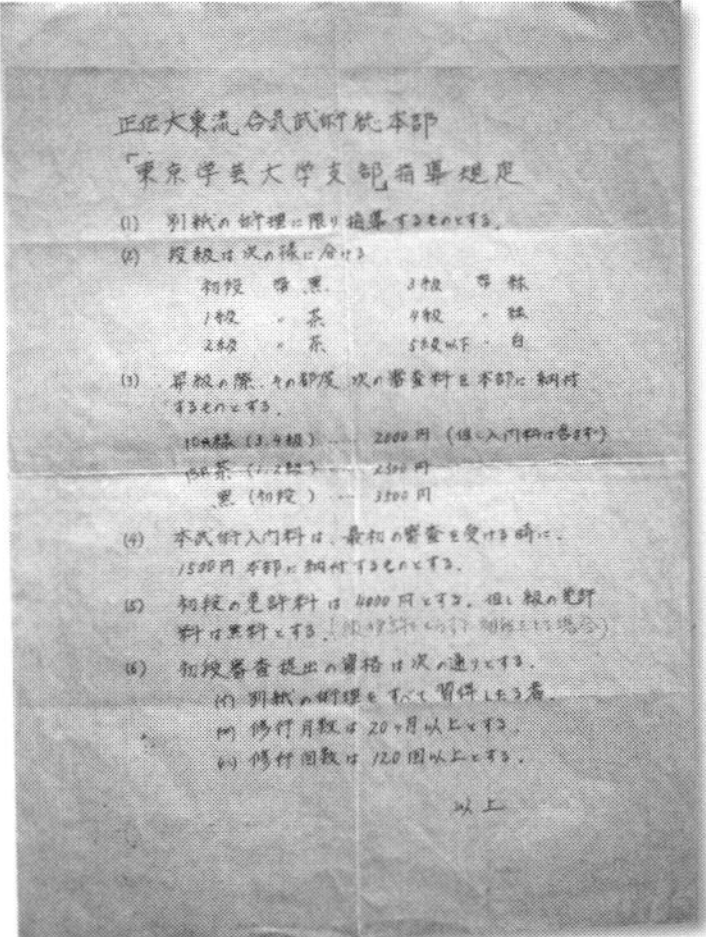

正伝大東流合気武術総本部

「東京学芸大学支部」指導規定

(1) 別紙の術理に限り指導するものとする。

(2) 段級は次の様に分ける

初段　帯 黒　　3級　帯 緑

1級　〃 茶　　4級　〃 紫

2級　〃 茶　　5級以下　〃 白

(3) 昇級の際、その都度、次の審査料を本部に納付するものとする。

10級〜緑（3.4級）……2000円（但し入門料は含まず）

〜茶（1.2級）……2500円

黒（初段）……3500円

(4) 本武術入門料は、最初の審査を受ける時に、1500円本部に納付するものとする。

(5) 初段の免許料は4000円とする。但し級の免許料は無料とする。

(6) 初段審査提出の資格は次の通りとする。

(イ) 別紙の術理をすべて習得したる者。

(ロ) 修行月数は20ヶ月以上とする。

(ハ) 修行回数は120回以上とする。

以上

右「正伝大東流合気武術総本部『東京学芸大学支部』指導規定」（当時から佐川道場では「正伝大東流合気武術総本部」を名乗っていた）、左がその指導された「術理教程」（提供／小原良雄氏）。１ヶ月目に体捌当技（三種）が指導されている。

正式には「正伝大東流合気武術総本部・東京学芸大学支部」となる訳であるが、部の名称を決める際、小原師範は佐川宗範に「活動上、大学内では合気柔術部というより、合気武道部でよいでしょうか」とお伺いを立てたところ、「いいですよ」と、あっさりお許しが出た。勿論、師範資格での活動でないから、学生たちから月謝等も佐川宗範は求めなかった。

部の名称が決まり、活動拠点となる部室の確保に動いたところ、数学の助教授をしていた原田實先生のご好意で、先生の研究室を部室代わりに使わせてもらえることになった。原田先生は小原師範のゼミ担当でないにも関わらず、何か感じるものがあったのか、小原師範を非常に気に入り、親身になって支えてくれたという。後に合気武道部の後輩だった現夫人と結婚する際に仲人を務めたのも、この原田先生である。

そして次は稽古場である。当初は大学敷地内の芝生地を見つけてジプシーのような状況であった。そこで柔道部の稽古がない日に柔道場を使わせてもらおうと、柔道部担当顧問に交渉しに行った。

当時の学芸大柔道部の管理責任者は、昭和天覧試合に出場した経験を持ち、国際柔道の整備に尽力した川村禎三教授である。最初は「ふざけんじゃないよ」と一蹴されてしまったが、先生のご厚意により何とか柔道場を使わせてもらえるようになった。先生の広い心には感謝したという。しかし最初のうちは部員も少なく、小原師範は一人で30分から1時間ほど気合を入れながら木刀の素振り、そして合気基本鍛錬形を稽古するという日々を送りながら、総本部道場に通った。

部の活動が安定したころ、「大学にクラブを作ったのなら学生を連れてきなさい」という佐川宗範の指示があり、当時の佐川道場では水曜日が合気武道部の稽古日とされていたとのことである。

順調に部員は増えていった。学芸大は女子が多かったため、合気武道部も女子部員が多く、男くさい佐川道場とは少々雰囲気が異なっていたようである。

そうしたこともあって、佐川道場ではそれまで基本的に受身の稽古などは、基礎訓練として各自がやっておくこととして行っていなかったが、稽古中の部員の怪我を防止するためには必要だと考え、合気武道部では準備運動として受身の稽古もしっかり行っていた。そのため佐川道場でも、小原師範が先頭に立って稽古を行う際には、合気基本体錬(独り・二人組)の他、積極的に受身稽古をしたという。

昭和54年（1979）1月、学芸大合気武道部ＯＢたちで新年の御挨拶に佐川宗範宅を訪れた際のスナップ。中央の佐川宗範を挟んで、向かって右に小原師範、左は同部存続のために長年尽力されてきた相澤則行師範。

なお、話はもどるが、小原師範が合気武道部を創設するに当たり、当時大学院生だった現・相澤則行師範の存在は重要であったという。合気武道部が本格的に部員の募集を始めたのは小原師範が大学2年生の頃からだったが、部員募集の説明会を開いたときに相澤師範が来られたとのことだ。その折、佐川道場に同行し、そのまま入門。以来、合気武道部と深く関わり、今日まで部の指導に当たっている。部が今日まで存続できたのは偏（ひとえ）に相澤師範の尽力によるものである。小原師範はサイドからではあるが更なる発展を願っていると語る。

鍛練としての「合気体操」

さて、学芸大合気武道部で特筆すべきは「合気体操」が導入されていたことだ。

当時の部員に配布されたプリントに、この合気体操の一覧が記されている。第2章の対談の中でも語られていたが、当初、これを入手した塩坂洋一師範は、これは元々佐川宗範が古い門人たちに教えていたものを、田口師範が改めて書き起こしたものだと考えていた。ところがその後になって、佐川宗範が著されたものと判明した。このプリントの原本は、実は昭和27年に発行された、佐川宗範自身による唯一の著書でもある『大東流合氣護身術教本』という本（小冊子）の中の、「合氣護身術第一教傳」という項目にある〈合氣基本体錬〉のコピーだったのである。

この本は佐川道場の初期の門弟しか所持していないものでもあり、この本とプリントを比較して初めて判明したものである。

合気体操は基本的に一人で行う鍛錬法である。中国武術などでは、このような練功法は豊富に伝わっているが、日本の武道、武術の場合、それほど豊富に伝わっているという印象はない。そういった意味でも、合気体操は非常に興味深い存在である。

佐川宗範は相当な量の鍛錬法を行っていたことが知られている。その具体的な内容については不明な点も多いが、佐川伝大東流の体系の中で、このような一人稽古が一つのポイントとなっていることは間違いないだろう。

小原師範も道場に通うことが困難になってからは、公私共に忙しい毎日を送る中で、僅かな時間と空間を利用して、いかにして身につけた技と体力を維持するかという問題に取り組まなければならなかったが、そのために行ったのは、主に四股と腕立て伏せ、それに素振りだったという。

合気武術そのものは自分と相手との関係性の中で発揮される相対的なものであるため、一人で行う鍛錬法は、あくまで補助的なものではある。しかし、こういった鍛錬法や合気体操などの一人稽古について研究することは、佐川宗範の合気武術を知る上で、大いに意義のあることなのである。■

佐川道場 東京学芸大支部「合気体操」

ここでは東京学芸大合気武道部で取り入れられた、佐川宗範考案の「合気体操」にスポットをあてて、その一部を御紹介してみたい。この合気体操は、佐川宗範が道場を開設した黎明期、大東流普及の一環として考案した「大東流合氣護身術」教課における第一教傳「合気基本体練」をベースとしている。合気体操自体は簡単な体操的な基礎動作と、単独による合気揚や基本的な当身動作で構成されている。

昭和50年代以降、道場ではほとんど実施されることがなかったが、小原師範たちが採用したことでその後、道場門人の間でも注目されるようになった。

やはり、道場ではやらない補強運動と共に学生の体作りとして行われた。

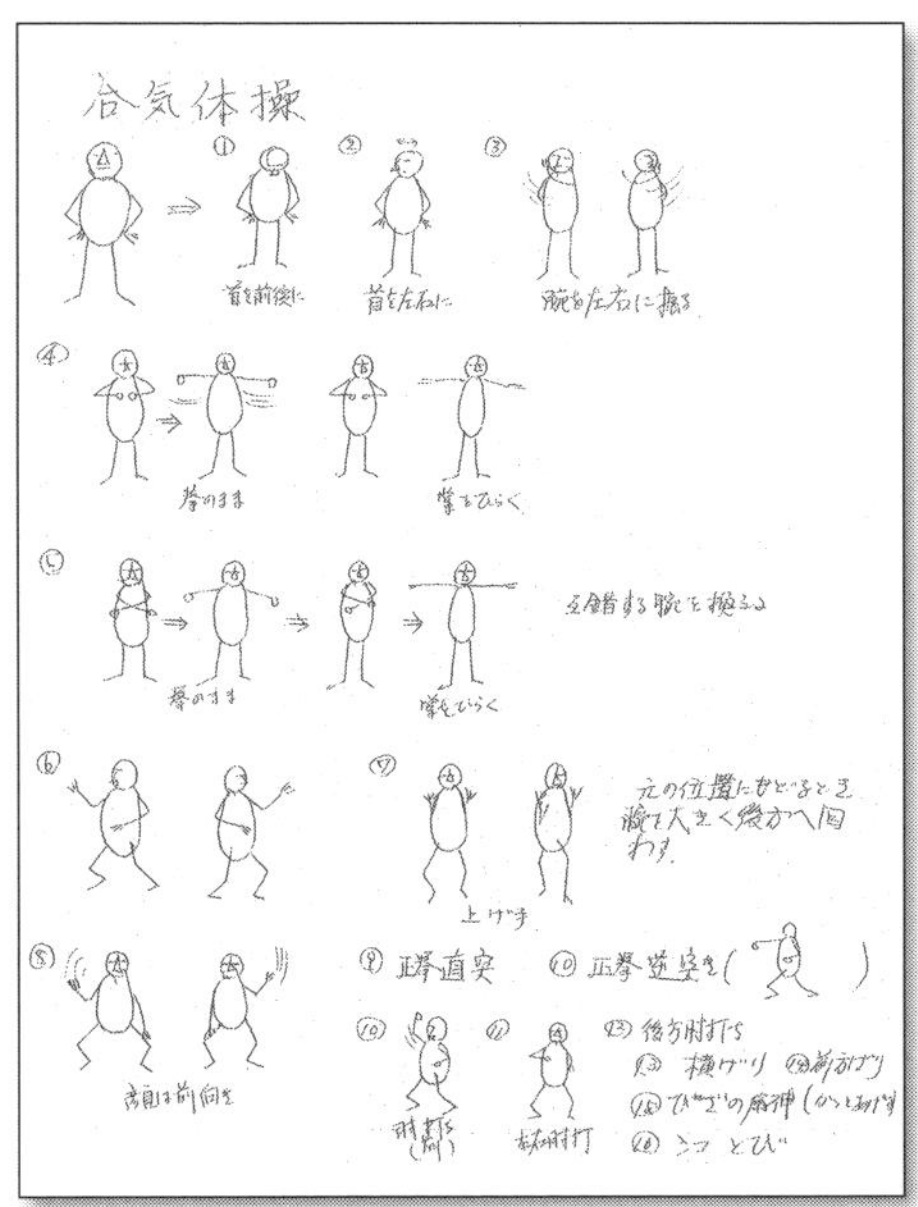

小原師範が自ら描いた、東京学芸大支部用の補強運動と合気体操の図版。『大東流合氣護身術教本』によれば合気体操（合気基本体練）は本来、二十二項目ある。この図版を見る限り、その中から抜粋されたものが行われていたようだが、実際には同じ動作でもいくつかのバリエーションがある。

合気体操 1

頭の後・前屈

『本体より両手を腰に取り（拇指前方）、頭を後方へ倒す。次で前方へ倒す動作反復』

合気体操 2

頭の右向・左向

『同じく頭を右横に向く。次で左横を向く動作反復』

合気体操 3

左・右手の肩打ち

『本体より右五指及び掌にて左肩を打つ。次で左手にて同じく右肩を打つ動作反復』

合気体操の各動作には本来名称はないので、ここでは便宜的に動作内容を示した名称を付す。また、『』内は『大東流合氣護身術教本』（以下『教本』）における説明。番号もその項目順に則っている。最初は首の捻転から両腕の振りへと移行していく。

運動部では比較的ポピュラーな補強運動の一つである手押し車だが、若い学生たちの体力増強を図りつつ、合気武術に役立つと思われる運動が様々に選ばれた。

合気体操 4

両腕開き

『本体より両腕を胸に組んで（右腕上とす）左右へ開きつつ固く握る。次で両腕胸の位置に戻し（右腕下とす）左右に開いて集力する動作反復』

『教本』では上の動作が解説されているが左掲の胸前で拳を合わせるような姿勢から両腕を開くバリエーションも稽古された。ここでは手を開いているが、拳のまま握り込んで両腕を開くバージョンもある。

合気体操
7(8)

左・右両手の揚げ手

7『本体より両手開きたるまま腰に取り、鼻より吸氣し胸に集め、右足出し両手前方へ半円を描き挙ぐると同時に、氣を腹部に送りて止息す。次で両手前方より後に廻し呼氣し、その両手腰に取る迄に吸氣し同前反復』（8『本体より左足出し同前動作反復』）

『教本』の解説では、ここではじめて呼吸と動作が明示され、その重要性を思わせる。なお、ここからいくつかの項目は左右で項目分けされている。斜め前方へ踏み出すやり方（①〜③）と、正面へ踏み出す（④〜⑨）二通りを示演いただいた。

合気体操 9

左・右片手の揚げ手

『本体より右足右方へ出し屈すると同時に、右手開きたるまま挙げ、左手は左股の上に置く。右足戻し、次で左足左方に出し同前動作反復』

1

2

3

4

5

6

片手で行う揚げ手だが、ここでは斜め前方へ踏み出すバージョンで示演いただいた。手首を回転させ、見事な半円を描く特徴的な揚げ手の軌跡が印象深い。

『教本』では特に体捌きに関しては明示されていないが、次頁の①〜⑧のように左右へ体捌きしながら突きを出す稽古も指導されたという。佐川宗範も実際には拳を腰には取らず、ダラリと下げたところからいきなり凄まじい突きを繰り出したと小原師範は語る。「拳もこのように、当たる瞬間までリラックスしていて、突き込んだ後もすぐにリラックスさせて無理に引くようなことはしていませんでした」（小原師範）。こうした体捌きを伴う当身技は即「体捌当技」から「合気拳法」へと通じている。

合気体操 10

左・右直突き

『本体より両拳腰に取り、右足出し右拳の直突。右拳腰に取り、左拳直突し左拳腰に引き取る動作反復』

⑨〜⑩は上の体捌きの直突きを活かした、大東流合気拳法の展開「防身中段突」。合気拳法の体系は概ね打撃に対する打撃技による反撃で構成されているため、技法としては至ってシンプルに成らざるを得ない。しかし、そこに体捌きを伴った合気の崩しと集中力が加算されて働くことで、相手のダメージは著しく増大する。また、力みを廃したその動きはすぐに次の変化を生み出すこととなる。この場合であれば、突き手を引くことなく、そのまま腕を差し入れたり、相手の肘を取ることで、強力な投げ技、極め（固め）技へとつなげていくこともできる（⑪〜⑫）。

合気体操 12

左・右肘打の掬い上げ

『本体より右両拳腰に取り、右足前方へ出すと同時に右肘の掬上げ。右足右肘を元の位置に戻し、次で左足出し左肘の掬上げ動作反復』

1

2

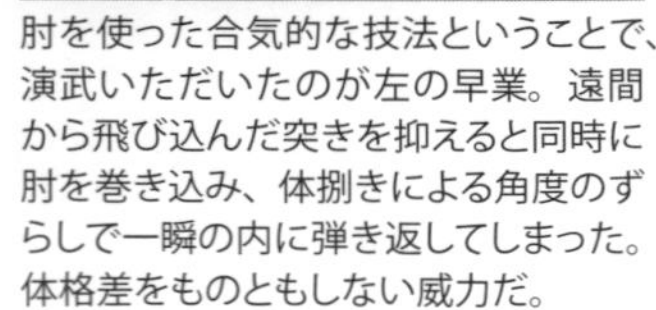

肘を使った合気的な技法ということで、演武いただいたのが左の早業。遠間から飛び込んだ突きを抑えると同時に肘を巻き込み、体捌きによる角度のずらしで一瞬の内に弾き返してしまった。体格差をものともしない威力だ。

合気体操 14

左・右横肘当て

『本体より両拳腰に取り、右足右横へ出し屈しつつ右肘の横当。右足右肘、元に戻し、左足横へ出し左肘の横当動作反復』

合気体操 16(17)

左・右の前蹴り

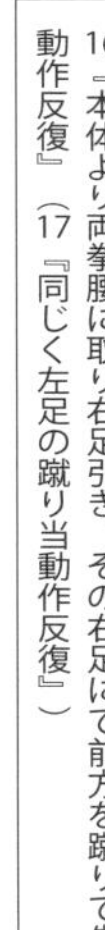

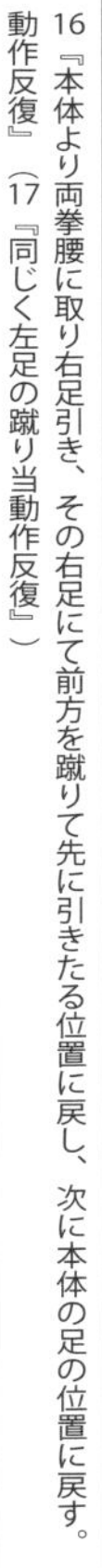

16『本体より両拳腰に取り右足引き、その右足にて前方を蹴りて先に引きたる位置に戻し、次に本体の足の位置に戻す。動作反復』（17『同じく左足の蹴り当動作反復』）

合気体操 18(19)

左・右の横蹴り

18『本体より両拳腰に取り、右足稍斜後へ引き、左足にて横蹴。動作反復』（19『同じく左足稍斜後へ引き、右足にて横蹴動作反復』）※写真は右横蹴り。

上の連続写真が足を使った技法として演武いただいたもの。足を刈るというよりも、相手の膝裏へ投げ出した足先を撫でるように押しつけて崩していく。形的には横蹴りの応用と言えるが、吸い付くような足捌きが印象深い。

合気体操
20

四股跳び

『本体より爪立ち腰を割り、即ち屈伸動作反復。但し、両手は両膝に置く』

『教本』の記述とは違うが、当時の東京学芸大支部合気武道部では、合気体操を締め括るものとして「四股跳び」を鍛錬していた（①～③）。四股跳びとは、その場で跳び上がり、股を開いて、両足同時に着地、その衝撃を吸収するように腰を落とす。まさに両足同時に四股を踏む要領だ。両手は膝において、姿勢を崩さず、後腰をしっかり保つ。

佐川宗範が数ある鍛錬の中でも「四股踏み」をかなり重要視していたことはよく知られているが、小原師範も一人稽古の中で四股は欠かせないものとして行っていたという（④～⑦）。相撲では片足となった際のバランス養成も重視されるが、佐川伝では概ね、踏み下ろし動作に重きがおかれている観がある。

1

2

3

左掲の演武は小原師範も「一度だけ見たことがあります」と語る、佐川宗範が「空中で合気を効かすことは可能なのか?」という疑問に応えて演武されたという「空中合気」の演武を試みていただいたもの。正面打ちに来る相手の手刀を、その場で跳び上がりざま、空中で受け、そのまま合気で無力化しつつ着地寸前に弾き飛ばす。写真では分かりにくいが、小原師範は飛び込むことで相手に自分の体重をぶつけているわけではなく、ほとんどその場で跳び上がり、着地している。着地した後に、突き飛ばしているわけでもない。巨漢の佐久間師が床へ叩き付けられんばかりに、もんどり打って後方へ弾き飛ばされてしまった。四股跳びに直接関係しているかどうかは分からないが、少なくとも中空における その安定感には共通したものが感じられた。

1

2

3

4

4

5

6

7

第4章

武器法という〝合気秘伝〟

佐川伝大東流合気武術／高橋 賢 師範

武器法で養う〝崩し〟の浸透力

取材・文◎野村暁彦

浸透力の可能性

武術的な意味合いで「浸透力」という言葉を用いた場合、まず思い浮かぶのは、人体の内部に深く浸透し、ときには胸腹部から入って背中にまで突き抜け、相手に大きなダメージを与えるという、いわゆる浸透勁や裏当てなどと呼ばれる打撃を中心とした技術だろう。

しかし、この「浸透力」をもう少し広義に捉えると、「打撃のみならず、表面的な力のぶつかり合いを躱して相手の体の芯、もしくは重心に直接影響を及ぼし、崩す、投げる、固める、関節を極めるなど、様々な効果を発揮する力の運用法である」と解釈することもできる。

そして、不世出の天才と謳われた大東流合気武術の佐川幸義宗範が辿り着いた「合気」は、まさに相手の体の芯に直接作用し、崩し、投げ、固め、極め、打撃から武器術に至るまで、千変万化の作用を発揮する妙術であると言えるだろう。

佐川宗範は、その天賦の才と人並み外れた努力で武田惣角の大東流を会得し、更に自身の創意工夫を加えて独自の大東流合気武術を構築したが、そこには剣術や槍術、棒術などの武器術や、空手やボクシングなどを研究して取り入れられた打撃術なども含まれている。もちろん、これらは単純に付加されたものではなく、柔術から剣術、槍術、棒術、拳法に至るまで、すべてが合気の原理によって貫かれ

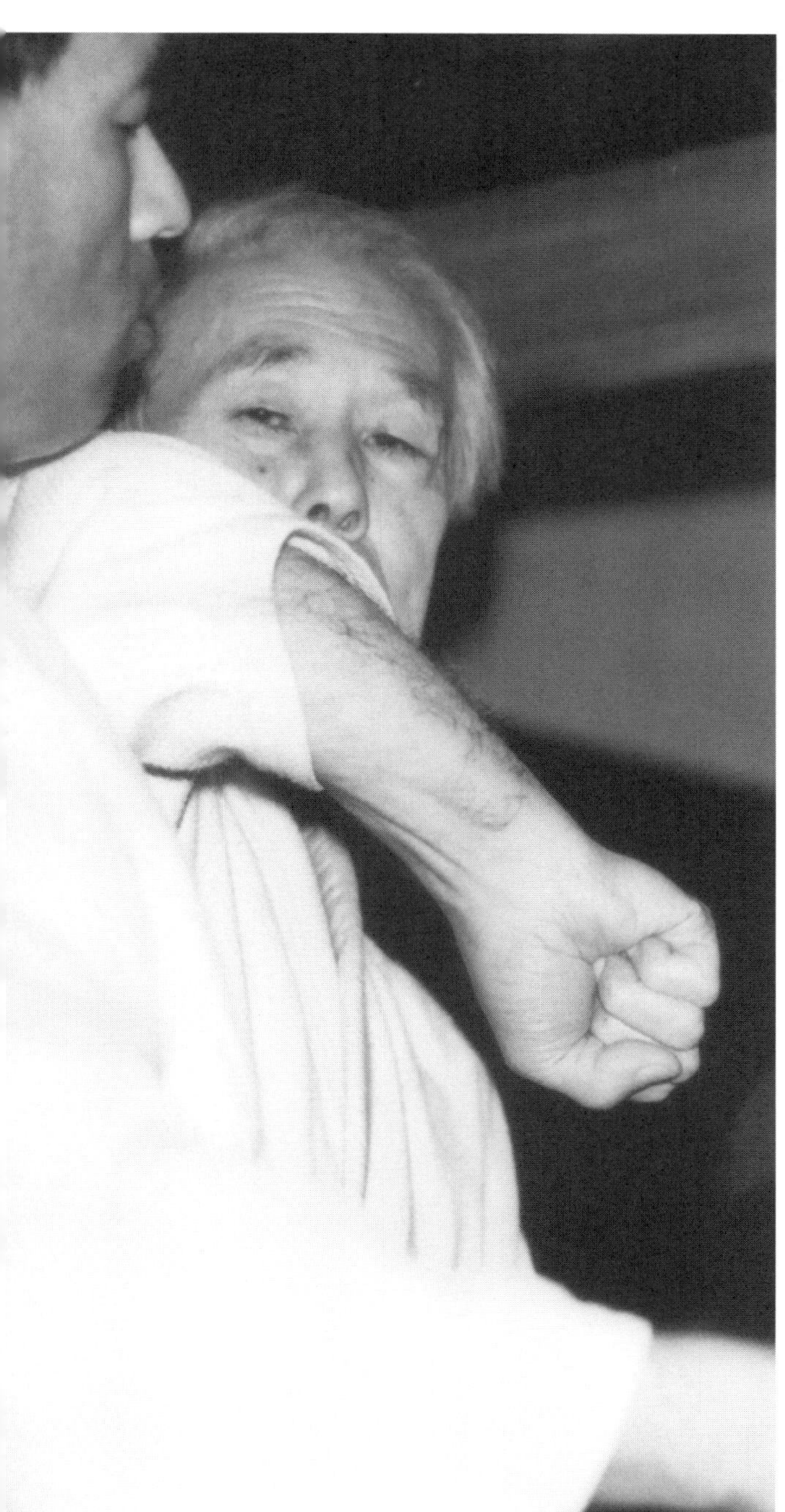

ている。

例えば剣術の場合、佐川宗範が富田喜三郎師範から学んだ甲源一刀流は、佐川宗範によって、武田惣角から学んだ合気剣術の秘訣が織り込まれ、合気甲源一刀流とでも言うべきものとなっている。この中の「水車」という技は、相手の刀を打ちおとしつつ、さらに刀のみならず相手の体をも崩し、すかさず顔面に突きを入れるというものである。

棒術では、例えば弧を描いて振り出した棒で相手の刀を打ち落としつつ体を崩し、すかさず突きを入れるといった形態を取った場合、やはり剣術と同様に、単純に相手の刀を叩き落とすのではなく、合気を用いて相手の体勢そのものを崩す技法となっている。

1

合気棒術太刀組合と合気拳法「中段突 肘掬当」からの仰倒し

佐川伝大東流合気武術では柔術のみならず、合気拳法や様々な武器術における合気の活用が修練されることで、普遍的な「体の合気」を養う膨大な体系が整備されている。ここでは、その一つのキーワードと考えられる「円弧と螺旋」の動きから、各々の体系が「力をいかに通し、コントロールするか」という点で互いにフィードバックされているのかを見てみよう。
まず御紹介するのは佐川宗範独自の探究から新たに体系化された大東流合気拳法から、中段突きに対する内受けからの肘掬い上げ当てから仰倒しに至る応用技法（①～⑥)。受けの中段突きを体捌きと前腕で受け流し、すかさず受けた腕を掬い上げるようにしてアゴへ肘当て、そのまま胸を巻き込むように仰向けに受けを倒す。肘を掬い当てる際は、掌側が完全に外へ向くほどに前腕を捻り込んでいるのが特徴的であり、肩から肩甲骨が滑らかに伸び出される、佐川宗範の身体要素がよく表現される技法だ。
この接近技法にフィードバックされる武器術が合気棒術の太刀組合だ。受太刀の打ち込みに対して、脇に立てた棒を体捌きと共に逆手で振り当て、太刀を巻き落とすと同時に受太刀の両腕を押さえ、仰向けに倒す（⑦～⑪)。⑫～⑯を見ると、いかに瞬間的な手首の回外・回内で、大きく振り出した棒の円弧が手元の小さな螺旋運動で力を集約し、直接相手の軸へ作用させているかが分かるだろう。棒を介した長い間合をぶれずに力を通す訓練が、瞬間的な接近戦に活かされていく。

また、槍術の場合、基本技では双方が槍を持って対峙したとき、相手の槍を巻き込むようにして抑え落としつつ、喉元を突くという形になっているが、その応用技法では、相手の槍ではなく、体を巻き落とすようにして仰向けに投げ倒す「仰倒し（あおだおし）」となる。

相手の体に直接触れず、武器を介して崩しをかけること自体が困難である上に、九尺（約２７０センチ）もある槍の先端で人の体をコントロールし、投げるのは容易ではない。力技や梃子の原理は通用しないだろう。穂先を掛ける位置に口伝があるとのことだが、仰倒しを体現するためには、精妙な合気之術が必要である。

これらの武器術の基本であり、極意でもあるのが「粘り付き」である。

通常、武器は相手に叩きつけることで威力を発揮する。剣で斬る、棒で打つ、槍で突くなど、いずれも基本的には棒や刃で相手を打つ、一種の打撃術なのである。しかし佐川宗範が合気という原理を基に構築した武器術は、剣や槍などの武器を相手の体、もしくは相手が手にした武器と接触させ、そこから粘りつくようにして攻め込んでいく。

これは、徒手の打撃術である合気拳法の場合も同様である。合気拳法における「防身上段」は、形としては、いわ

12
7
2
13
8
3
14
9
4
15
10
5
16
11
6

合気拳法「上段突　揚受直突」と合気柔術「三ヶ条極投」

①〜③は上段突きに対する左前腕の捻りだしによる揚受からの右の直突き。直突きの捻り込みは、やはり右の棒術の逆手による捻り落としに通じるが、左前腕の回内による揚受こそ合気拳法の真骨頂ともいえる粘り付きを実現させる。この操作は④〜⑧の三ヶ条極めからの投げ倒し極めにおける掴み手の浸透力に通じる。相手の脇を開かせ、その足裏まで力を通すことによって、全身をコントロールする合気の封力が発揮される。ここでの掴み手を支える小指の締めも、武器の操法によって磨かれる。

ゆる上段受けだが、単に相手の攻撃を受け外すだけでなく、受けと同時に相手の体を後方に傾けるように崩しをかける。つまり、受けと同時に相手の重心を攻め崩し、無力化しておいて突きや肘当てを行うのである。

武器術も拳法も、元々は瞬間的な接触によってのみ相手にダメージを与え、制圧する技術である。しかし佐川宗範は、これを瞬間的、部分的な接触に留めず、接触と同時に相手を捕え、接触点のみならず、相手の本体に直接攻め込むという技術に昇華させたのである。

“合気”という全身の力

「合気は手解きのアンチテーゼである」というのが、高橋賢師範が立てた仮説である。

「手解き」とは、相手に手首を掴まれた場合、それを解いてしまう技術である。手を解くことによって状況を一旦リセットし、改めて攻撃に移るのである。これに対して「合気」は、手首を掴んだ手を解かずに、「相手に掴まれた」という状況を「相手を捕まえた」という状況に引っくり返してしまう技術である。手解きのように相手と離れて五分五分の状態に戻るのではなく、相手と接触したまま優位に

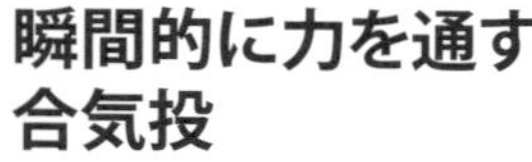

瞬間的に力を通す合気投

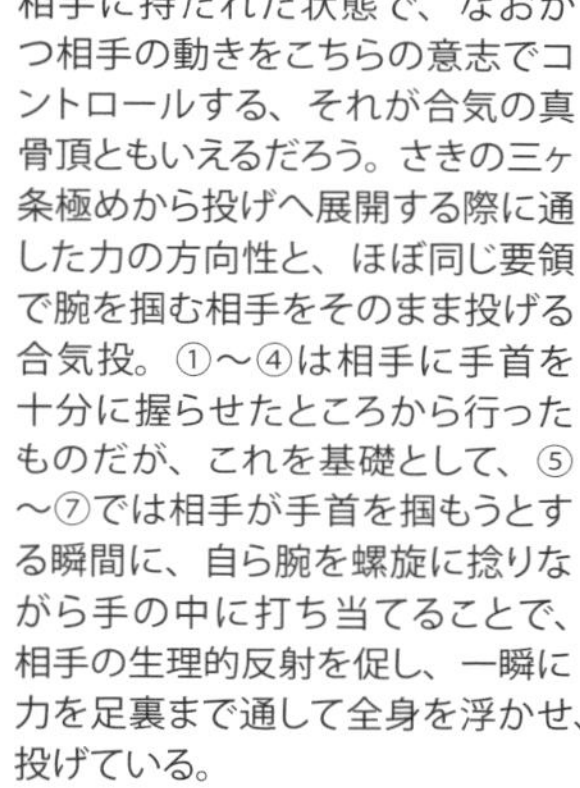

相手に持たれた状態で、なおかつ相手の動きをこちらの意志でコントロールする、それが合気の真骨頂ともいえるだろう。さきの三ヶ条極めから投げへ展開する際に通した力の方向性と、ほぼ同じ要領で腕を掴む相手をそのまま投げる合気投。①～④は相手に手首を十分に握らせたところから行ったものだが、これを基礎として、⑤～⑦では相手が手首を掴もうとする瞬間に、自ら腕を螺旋に捻りながら手の中に打ち当てることで、相手の生理的反射を促し、一瞬に力を足裏まで通して全身を浮かせ、投げている。

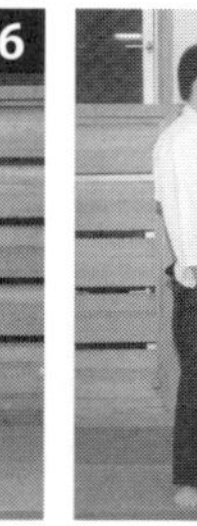

両手首捕合気揚から合気投へ

両手首の螺旋運動が活かされ、相手の重心を揚げ崩す合気揚から左右の腕のテンションを変えることで崩し投げる合気投。様々な要素が集約されているこの訓練法だが、ここでは力を通す面から「常に相手を正面に補足し続ける」動きの修練を指摘し、次の槍術につなげたい。

1

2

3

4

5

合気槍術「巻落」と“中心をとる”ということ

①〜④・⑤〜⑧は合気槍術における巻落からの突き。槍術の基本的な操法の一つであり、一連の操作の中に左右の手首の内旋・外旋の動きが自然に備わっている。それも槍という長大な武器を「まっすぐ」扱うためであり、遠い先端部へ力を届かせる必要があるからだ。それだけ、長物武器をまじえると力の「精度」が求められるのだ。

1

2

3

4

仮に⑨〜⑪のように、先端を相手に付けて、ただ力任せに押し倒そうとしても容易に倒すことはできない。自らの力の源である軸と相手の中心とを常に結ぶ意識で、相手の中心へ最後まで力を影響させ続ければ、そのまま抑えることも容易となる（⑫〜⑮)。相手をどこに置くか、「正面」とはどの方向か……武器という道具がその道案内をしてくれるのである。

合気柔術「両胸捕巻抑えからの仰倒し」と
合気拳法「上段突　首巻投」

前頁の槍術「巻落」と同じ展開となる技法を柔術・拳法から選んでみた。いずれも相手と胸を接する近間で、その中心を捉え続ける中で、螺旋の力を注ぎ込んでいく動きとなっている。ただ、体力があれば力任せにでも相手を倒せてしまうのがこうした組み合いだ。武器術は捉え方一つで、そこを矯正する訓練を可能とするのである。

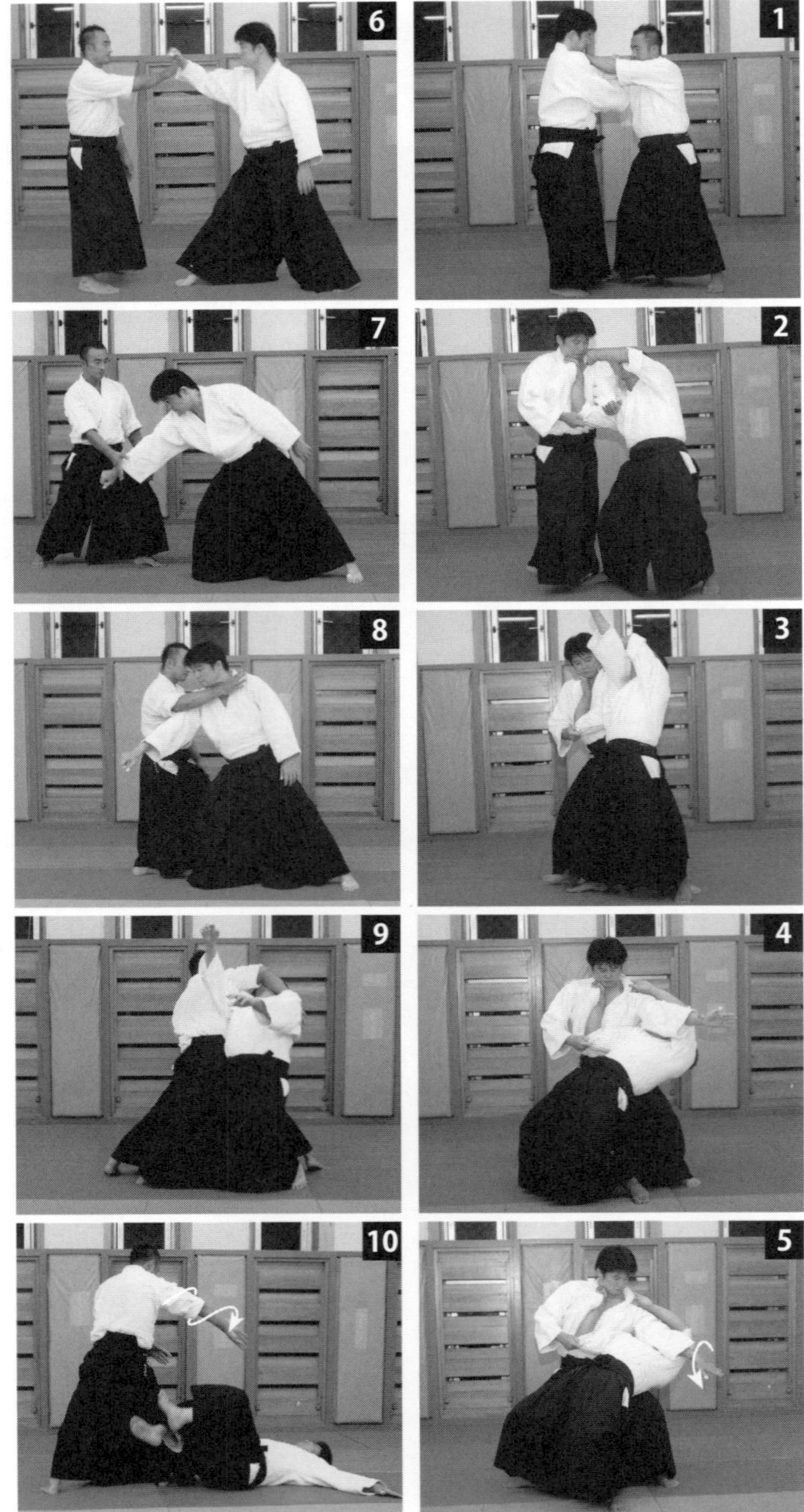

合気拳法
「上段突 払い 前肘当」

相手の上段突きを左手で払いつつ踏み込み、脇下へ右肘を打ち当てる。この時の肘も最初の肘掬当や右の首巻投の要領で前腕を内側へ捻り、肩と肩甲骨を伸びやかに引き出して体幹部の力を相手の中心へ響かせる。

立つ。このコロンブスの卵的な発想が、合気の原点なのだという。

相手に手首を掴まれた状態から優位に立つためには、掴まれた手首をどうこうするのではなく、相手の重心を直接崩してしまうのが最も有効である。そして、これを訓練するための最初の稽古法が「両手首捕合気揚(あげ)」、いわゆる「合気揚」である。

力と力のぶつかり合いにならないためには、まず相手の力の強さや方向を正確に感知する必要がある。合気揚は、これを〝両手首を掴まれる〟という状況下で訓練し、相手の手のみならず、重心を揚げ崩すことを学ぶ。「合気は屈筋ではなく伸筋を用いた技術である」とする説もあるが、ここで学ぶべきことは、決してそういった部分的な筋肉の使い方ではない。むしろ筋肉を使う（緊張させる）ことを意識すると表面的な筋肉ばかりが動いて、相手の力を読み取る感覚が鈍り、合気の原則から外れてしまう恐れがある。瑣末なテクニックに走らず、背筋（体軸）を真っ直ぐに立てた基本姿勢を崩すことなく、感覚を頼りに丁寧な稽古を行うことが肝要である。

合気揚では両手首で相手と繋がった状態から、相手の腰が浮きあがるような形で揚げ崩すことを学ぶが、ここで要求されるのは、両手首での接点を手掛かりに、相手の重心に直接作用するような体の使い方である。表面的な力と力の衝突を躱し、相手の体の中心に直に入り込むような力の運用法を練習するという、まさに合気の入り口であり、同時に大東流の全ての技に通底する極意をも表現した稽古なのである。

武器で作る〝手の内〟

武田惣角は大東流を教授する際、型稽古という形態を取らなかったため、大東流では型ではなく技を稽古する（これは大東流を母体とする合気道も同様である）。そのため大東流には膨大な数の技が伝わっているが、一方、技の多さに比べて、それらの根幹となる基本技法が極めて少ないというのが大きな特徴である。

例えば武田惣角が創出した極め技の基本は一ヶ条から五ヶ条までの五種類だが、一ヶ条ならば一ヶ条の技を、様々な想定の下で行う数多くの応用変化の技を通して稽古することで様々な角度からアプローチし、理解を深めていくの

合気槍術「裏巻落」と合気柔術「掴み手」「合気投」

①〜④・⑤〜⑧は174頁の「巻落」を逆側へ捻る「裏巻落」。これも槍術の基礎となる操法。特に外から内へと槍のうねるような動きを瞬時に集約する豪快な技法となる。合気柔術では⑨〜⑬の「掴み掛り」がこの展開をよく表しているだろう。誘いの手首を掴みに来る相手の腕を掴み手に捕らえて、肘を伸ばしてあたかも相手の腕を一本の棒のようにして、その肩をコントロールすることで床に伏し極めてしまう。

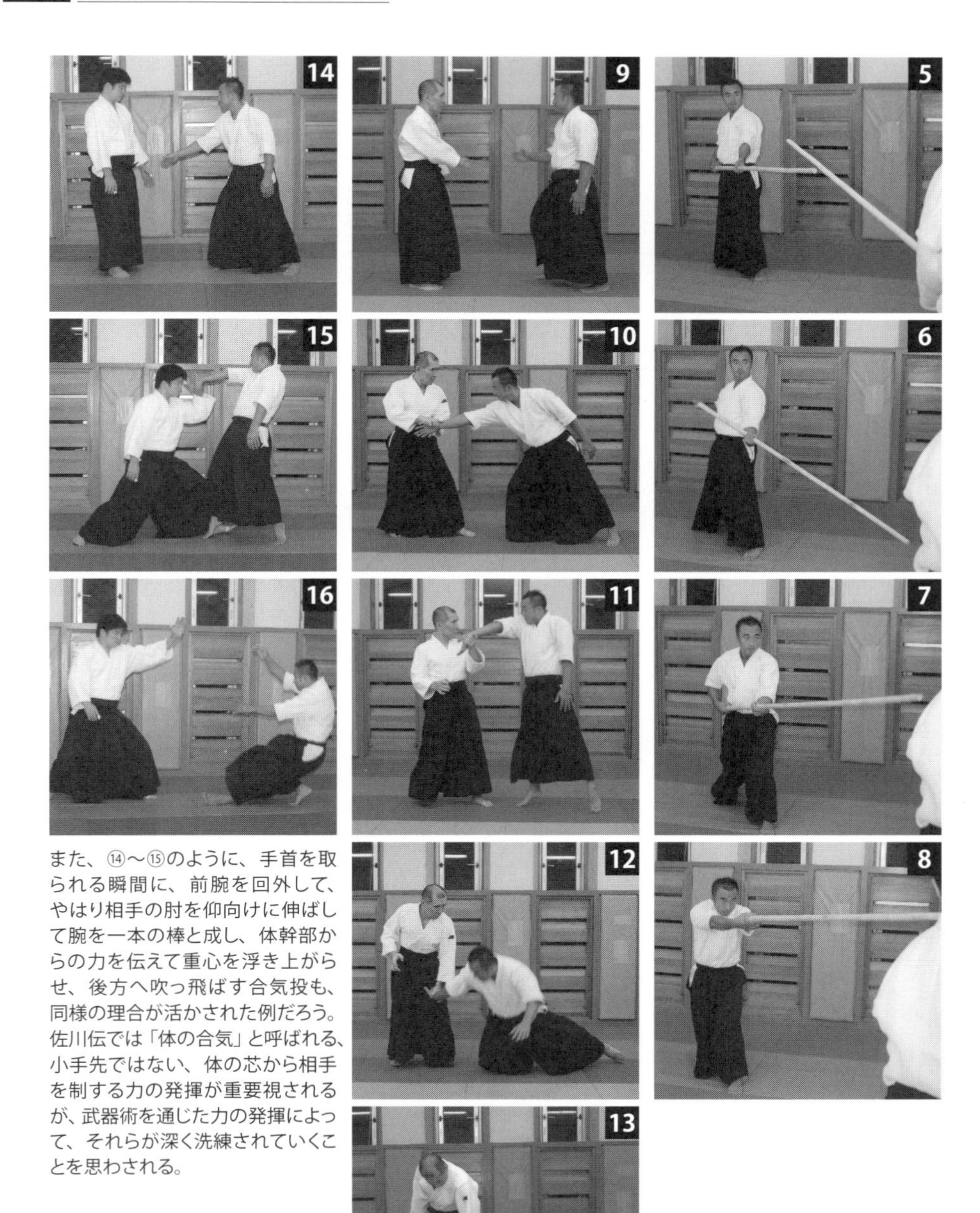

また、⑭～⑮のように、手首を取られる瞬間に、前腕を回外して、やはり相手の肘を仰向けに伸ばして腕を一本の棒と成し、体幹部からの力を伝えて重心を浮き上がらせ、後方へ吹っ飛ばす合気投も、同様の理合が活かされた例だろう。佐川伝では「体の合気」と呼ばれる、小手先ではない、体の芯から相手を制する力の発揮が重要視されるが、武器術を通じた力の発揮によって、それらが深く洗練されていくことを思わされる。

である。

そして、佐川宗範は合気之術の応用変化を体術のみならず武器術や拳法にまで広げ、応用の範囲を広げるとともに、より深く、精妙な稽古ができるような体系を作り上げた。そこに組み込まれ、重要な役割を果たすのが、合気剣術、合気棒術、合気槍術などの武器術や合気拳法から成る技法群である。

佐川道場では、初学の段階では主に師や先輩に投げられ、関節を極められるなど、ひたすら技を受けることが稽古となる。痛い思いをする苦しい段階だが、技をかけられることによって肩、肘、手首などの関節を伸ばし、筋肉を柔軟に、腱や靱帯を鍛えて強靭にする。

基礎的な体を作るという重要な段階である。

次の段階では、相手を攻め、制圧する〝技の稽古〟を行う。そして、技の稽古がある程度進んだところで、少しずつ武器術を学んでいくことになる。体術と武器術が乖離しないよう、体術で鍛えた体と技の要領、あるいは技をかける際の感覚といったものが、そのまま武器術として活かされていくことを理解し、確認しながら稽古を進めていくのである。

例えば剣術や棒術では、技を極める瞬間に手指を締めなければ、上手く技が極まらない。この手指の締めが、そのまま合気における手の内の鍛錬となる。また、槍を真っ直ぐに突き出し、引き戻すという動作は、自然な腕の旋回を導き出してくれる。

螺旋に力を伝える

人間の腕は、その構造上、槍を真っ直ぐ突き出そうとすると腕は自然に外旋し、真っ直ぐに引き戻そうとすると自然に内旋する。意図的に捻るのではなく、真っ直ぐに突こうとした結果、自然に出る螺旋運動だからこそ、雑(ま)ざり気のない澄んだ力となる。

佐川宗範の突きの写真が残っているが、それを見ると、肩と肘が上がった、不自然で窮屈そうな格好に見える。しかしこれは写真用に動作の途中で止めたため、そのような写りになってしまったに過ぎない。実際の佐川宗範の突きは、腕の内旋とともに肩が柔らかく前に出て、非常に鋭く伸びのある突きだったという。拳法の中にも、武器術と相通じる身法が活かされているのである。

この手指の締めと腕の旋回は、合気という技術の非常に重要な要素で、例えば大東流独特の「掴手(つかみて)」という極め技は、まさにこの二つの要素でできている技法である。相手の手首を掴むと同時に腕を外旋させて極めるという、見た目は至って地味な技だが、掴まれた瞬間、頭の中が真っ白になるほどの激痛が手首に走る。

この技の重要なポイントは〝小指の締め〟である。小指を締めることによって力が親指と人差し指まで通り、これに腕の旋転が加わることで大きな威力を発揮する。

普通に手首を掴んで捻り上げると、どんなに強く掴んでも皮膚と骨の間にアソビができるため、捻り上げる瞬間に、掴んでいる手が少しだけ空回りして力が逃げてしまうものである。ところが実際にこの掴手を高橋師範にかけて頂いたところ、このアソビによる皮膚の空回りが全く起こらず、

竹内流・棒術 表一本目「物見」

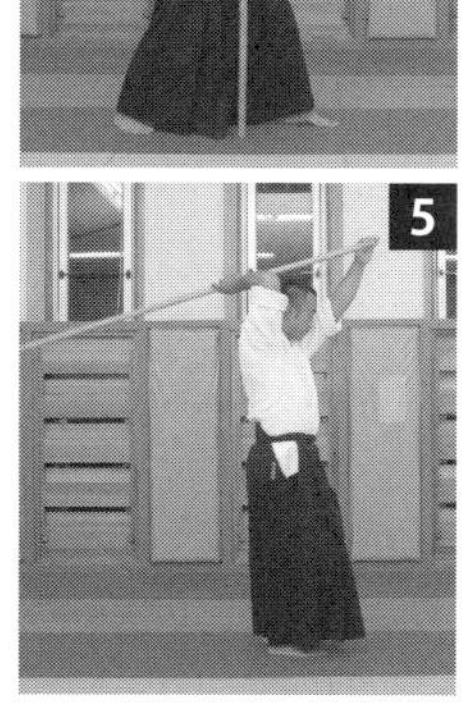

最後に高橋師範の佐川道場相模原支部で取り入れられている竹内流棒術から、表一本目「物見」の単独操法を御紹介して本稿を締めくくりたい。六尺棒は多くの流儀で棒術の基本的な寸法として使用される長さであり、全身運動をする上で、ちょうどいい長さと重さを有している。基本的に順手操法で編まれた竹内流棒術の初伝技法は両手の外旋・内旋がバランス良く組み込まれ、体捌きをともなう大きな動作で棒先の冴えを培うもので、体と腰と手足の一致をした訓練として最適なものの一つであるという。

いきなり手首の芯に力が入ってくるような感じで技が極まってしまう。

手首を掴んでいる手が、小指の締めとともに手首に張りつくように密着して、腕の旋回によって生まれた力を一点に集約させているようである。そして、このときの手指の締めと腕の旋回の様子は槍の突きに酷似しているのである。感覚としては、槍の代わりに相手の手首を取って槍術を行っているようなものだろうか。

しかし、このように相手に激痛を与えるのは、掴手としては初歩の段階で、精度が増せば、相手に痛みを与えることなく崩しをかけ、飛ばしてしまうような技になるという。

掴手を槍術と対応させて考えてみると、相手の手首に痛を与えるということは、槍を持っている手元で技が効いているということになる。これを手元ではなく、仰倒しのように槍の先端で技を効かせた場合、掴手では相手の手首ではなく肘から肩、体を通って足腰で技が効き、相手の重心を根こそぎ奪ってしまうような効き方になるのだろう。

両手首捕合気揚という最も接近した状態での稽古から始まって剣、棒、槍と段階的に相手との距離を離していくことで合気之術は精度を深め、崩し、投げ、極めなどの柔術的な技のみならず、各種の武器術や打撃技に至るまで千変万化の働きを支える極意となるのである。

打撃技による効き方や武器術、特に長大な武器の端から端までを自在にコントロールする感覚は、そのまま体術において相手をコントロールする感覚に通じ、それがフィードバックされることで精度を高めるわけである。その「力の通し方」には、軸に沿って旋回する力、端的に言えば螺旋の運動が一つの共通項として浮かび上がる。

その際、重要となってくるのが、「どこに螺旋の軸を置くか」だ。相手と対峙し、彼我一体の中で通す螺旋の道筋、そこには極意の一端が隠されているのかもしれない。■

佐川幸義先生合気合本に寄せて

このほどＢＡＢジャパン社より出版される『佐川幸義　神業の合気』に、木村さん、高橋さんの中に小原を登場させて頂き恐縮に思っております。木村さんからは武術追求の生き様を、高橋さんからは実践する武術研究者としての見識と奥深さを学ばせて頂きました。長らく道場を離れていた私にこの合本企画に参加させて頂けることに驚きと人生の不思議さを感じます。

佐川幸義先生は単に合気武術の名人・達人ではないと思います。佐川幸義先生は、『道場訓』に「合気の武道即ち人間修養の道にまで到達せねばならぬ」と明記しています。佐川幸義先生が目指されたのは、教育で言うならば「人格の完成への道」です。

この「人格完成への道」の第一歩が、道場訓の冒頭にある『合気は気を合わす事である』の体得ではないかと思います。更に『人類社会形体に於いても合気即ち融和・調和が基調でなければならない。これを合気の大円和と云う。』と記していることからも明白です。この道場訓を掲げられたのは、丁度私が入門した１９６８年頃、先生が67歳の頃です。現在私が67歳になりました。私としては偶然とは思えないものがあります。

佐川幸義先生は神懸かったことを酷く嫌っておりました。しかし、「合気は気を乗せるのだ」とも仰っています。「勘と努力と工夫」が口癖でした。鍛錬により「勘と気と閃き」の能力が高まります。これは動物が本来持つ危機管理能力と言えます。

武道（武術）で大切なことは、自分の身（生命・財産）を守る、安易に人を傷つけない、平和社会の実現に寄与するではないでしょうか。より多くの人が「合気」を醸成し、身近に学べる環境づくりのお手伝いができればと思っております。

大東流に「蜘蛛之巣伝」がありますが、人間社会に於いての合気は見えない糸で結ばれる人と人、心と心、縁の繋がりであり、気を合わせることで武術は活人剣に昇華します。

偶然ではありますが、塩坂洋一さん、佐久間錦二さんお二人には、私の内部感覚を誘発し高めて頂きました。この邂逅も合気が為せる業と言えるかも知れません。感謝いたします。

平成27年2月吉日

小原良雄

装幀：梅村昇史
本文デザイン：和泉仁

佐川幸義 神業の合気
—力を超える奇跡の技法“合気”への道標

2015年3月10日　初版第1刷発行

編　　集　『月刊秘伝』編集部
発 行 者　東口敏郎
発 行 所　株式会社ＢＡＢジャパン
〒151-0073 東京都渋谷区笹塚1-30-11 中村ビル
TEL　03-3469-0135　　FAX　03-3469-0162
URL　http://www.bab.co.jp/
E-mail　shop@bab.co.jp
郵便振替 00140-7-116767
印刷・製本　大日本印刷株式会社

ISBN978-4-86220-895-8　C2075

←ご購入方法は巻末に

DVD Collection

DVD　大東流合気柔術 **秘伝目録百十八ヶ条**
第1巻「秘伝目録 第一ヶ条・第二ヶ条」

第36代宗家・武田時宗の編纂による大東流の根幹「秘伝目録百十八ヶ条」。技の集大成であるこの体系は、習う者のレベルによって段階的に発展してゆく古流における技術習得のためのメソッドでもあった。第1巻では秘伝目録の体系とその特色、秘伝目録一・二ヶ条を完全解説。　■内容：秘伝目録第一ヶ条（居捕10本・半座半立5本・立会10本・後捕5本）／第二ヶ条（居捕10本・半座半立5本・立会10本・後捕5本）

●指導・出演：加藤茂光　●60分　●本体5,500円+税

DVD　大東流合気柔術 **秘伝目録百十八ヶ条**
第2巻「秘伝目録 第三ヶ条」

第36代宗家・武田時宗の編纂による大東流の根幹「秘伝目録百十八ヶ条」。技の集大成であるこの体系は、習う者のレベルによって段階的に発展してゆく古流における技術習得のためのメソッドでもあった。。第2巻は大東流合気柔術の歴史と武田時宗伝、秘伝目録3ヶ条を完全解説。■内容：秘伝目録第三ヶ条（居捕10本・半座半立5本・立会10本・後捕5本）

●指導・出演：加藤茂光　●45分　●本体5,500円+税

DVD　大東流合気柔術 **秘伝目録百十八ヶ条**
第3巻「秘伝目録 第四ヶ条・第五ヶ条」

第36代宗家・武田時宗の編纂による大東流の根幹「秘伝目録百十八ヶ条」。技の集大成であるこの体系は、習う者のレベルによって段階的に発展してゆく古流における技術習得のためのメソッドでもあった。秘伝目録の第四ヶ条・第五ヶ条・得物捕・多人数捕を完全解説。大東流誠心会の稽古風景、合気独特の呼吸法である合気陰陽法も収録。　■内容：秘伝目録第四ヶ条（15本）・五ヶ条（6本）・得物捕（5本）・多人数捕

●指導・出演：加藤茂光　●60分　●本体5,500円+税

DVD　武田時宗伝　大東流合気柔術「秘伝目録」**裏形**
第1巻「一カ条裏形・前編（居捕・半座半立）」

大東流には、敵に表技を封じられた場合の奥の手として裏技・裏形が存在している。表技が華麗、勇壮であるのに対し、裏形は、形の理合に基づく技法のみで構成された殺法そのものの技である。門人であれば誰もが目にできる表形と違い、裏形は長年、秘中の秘とされてきた。　■内容：居捕（一本捕・逆腕捕・肘返・車倒・絞返・抱締）／半座半立（半身投・裏落・居反・肩落・入身投）

●指導・出演：加藤茂光　●60分　●本体5,500円+税

DVD　武田時宗伝　大東流合気柔術「秘伝目録」**裏形**
第2巻「一カ条裏形・後編（立合・後捕）」

大東流には、敵に表技を封じられた場合の奥の手として裏技・裏形が存在している。表技が華麗、勇壮であるのに対し、裏形は、形の理合に基づく技法のみで構成された殺法そのものの技である。門人であれば誰もが目にできる表形と違い、裏形は長年、秘中の秘とされてきた。　■内容：立合（一本捕・車倒・逆胸捕・腰車・搦投・裏落・帯落・切返・小手返・四方投）／後捕（立襟捕・両肩捻・両肘返・抱締捕・肩落）

●指導・出演：加藤茂光　●60分　●本体5,500円+税

←ご購入方法は巻末に

DVD Collection

DVD　武田時宗伝　大東流合気柔術「秘伝目録」裏形

口伝・極意編 上巻

武田時宗前宗家から直接教えを受けた加藤茂光師範により、形に口伝の解釈を加え、形の手順のひとつひとつを生きた格闘術として解いていく。 ■内容：大東流合気柔術・口伝（朝顔の手・鷹の爪・野中の幕）／大東流合気柔術秘伝目録二カ条・裏形（居捕十本=小手詰・逆襟・肘挫き・木葉返し・手刀詰・頸捻・小手返・片羽捕・鎌手詰・逆小手、半坐半立五本=手刀詰・小手返・裾拂・肘挫・入身詰）／極意解題　一本捕／剣道形

●指導・出演：加藤茂光　●55分　●本体5,500円+税

DVD　武田時宗伝　大東流合気柔術「秘伝目録」裏形

口伝・極意編 下巻

武田時宗前宗家から直接教えを受けた加藤茂光師範により、形に口伝の解釈を加え、形の手順のひとつひとつを生きた格闘術として解いていく。 ■内容：大東流合気柔術·口伝（崩し・落下・縄）／大東流合気柔術秘伝目録二カ条・裏形：立合十本=逆襟・引落・首投・裾捕・背負投・手刀詰・小手返・肩車・腰車・背挫、後捕五本=突倒・鞠投・逆小手・首投・肘挫）／極意解題　総傳多数捕り／抜刀術　高上極意五点

●指導・出演：加藤茂光　●51分　●本体5,500円+税

DVD　追悼 岡本正剛宗師 大東流 **合気神伝**

第1巻　宗師特別説明演武編

大東流合気柔術六方会ハワイ特別合宿（92年5月）の模様を完全収録。 ■内容：大東流の概要／大東流の基本（基本手法・合気手法）／合気の原理技／大東流柔術と大東流合気柔術／大東流の応用技（手首掴み・胸取り・袖取り・肩取り・二点取り・首締め・打取り・座取り・特殊取り・後ろ技・多数取り・寝技・棒技・剣捌き・合気高級連続技法）／合気をかけ場合のコツと相手の状況に変化対応する、合気の身法と作用／その他

●指導・出演：岡本正剛　●45分　●本体5,238円+税

DVD　追悼 岡本正剛宗師 大東流 **合気神伝**

第2巻　合気特別講習会編

大東流合気柔術六方会ハワイ特別合宿（92年5月）の模様を完全収録。 ■内容：座捕り技（両手胸掴み・合気攻め・胸取り合気攻め・合気押さえ投げ・両手取り引き込み落とし）／立技（正面打ち手刀投げ・合気肘引き落とし・合気引き込み投げ・合気当て・合気二人捕り［腰投げ・肘落とし］、／触れ合気［操り・投げ・落とし］、／合気下げ／両手取り内手掴み返し／合気手首返し／連続多数取り　指導・出演：岡本正剛

●指導・出演：岡本正剛　●45分　●本体5,238円+税

DVD　円熟期の堀川幸道が秘伝の合気を指導

実録! 堀川幸道の合気

まるで磁力が働いているかのごとく、異様な角度に身体が固まる相手。3人同時に掴まれても見えない力で絡め取るように一網打尽にしてしまう。永世名人・堀川幸道の達人期～80代の驚愕の稽古風景を収録。大東流の歴史に確かな足跡を残した「不滅の合気の達人」を幸道会元東京本部長の蒔田修大が解説する。

●出演：堀川幸道／指導・監修：蒔田修大　●60分　●本体5,000円+税

←ご購入方法は巻末に

BOOK Collection

BOOK　塩坂洋一×保江邦夫 **合気問答**

合気に至る極意論+技術解説（写真）

佐川幸義宗範の"神技"に触れた二人が交わす！　一つの境地に向かって、対照的な個性で各々にアプローチしてきた両者の"化学反応"から真理が解き明かされる！　日本武術の深奥"合気"への確かなる道標!!　■目次：合気あげ／大東流一ヶ条／合気補完術・骨相学／脳科学と意識／物理学と発想力／コヨリの合気／体之術理と愛の原理／対談『佐川宗範の教えと我が"合気"探求』

●塩坂洋一／保江邦夫 共著　●A5判　●280頁　●本体1,600円+税

BOOK　物理学で合気に迫る **身体「崩し」の構造**

底面重心位置、連続移動作用点力、ベクトル力、骨格構造的弱点、デッドポイント、慣性モーメント、角運動量、並進慣性力、回転慣性力、外力、内力、重力・・・。自然科学の視点から、武の神人・佐川幸義宗範の技を追求する!!　■目次：ぬかるみに学ぶ"崩し"の物理／波にさらわれる身体に学ぶ"崩し"の極意／ベクトルとしての力を利用した"崩し"の極意／他

●保江邦夫 著　●A5判　●264頁　●本体1,600円+税

BOOK　日本伝 **大東流合気柔術**

二 人之巻「合気柔術編」

合気柔術とは、無数に展開する「裏の技」である!本書では、無数に展開する「裏の技」=合気柔術を公開。■目次：合気柔術　基礎鍛錬法／一ヶ条　初伝・中伝・奥伝／技法編（立合 後襟取・立合 両肩捻・半座半立　両手取・立合 袖取）／対武器編（杖対太刀・徒手対太刀・合気杖太刀取・合気杖合気投・懐剣之事・徒手対懐剣（後襟取、基本編、応用編）

●菅沢恒元 著　●B5判　●232頁　●本体2,000円+税

BOOK　凄い! **八光流柔術**

短期修得システムを解明

「"心的作用"を使い、指一本で相手を制す!」　心や意識、痛覚など人間の生理構造を巧みにコントロールし、一瞬にして相手を極める絶技の数々。誰でもすぐに身に付けられる、巧妙に体系づけられた護身武術を明らかにする！　筋力には一切頼らない。ほとんど移動することなく瞬間的に極めてしまう、精巧なる技法。すべての武術家が待ち望んだ、八光流の謎を解き明かす書が完成!

●奥山龍峰 著　●A5判　●192頁　●本体1,700円+税

BOOK **円和の合氣道**

平井稔翁が遺した武道極意の心技

「戦後の日本の武道界に大きな影響を与えた、巨人・平井稔。本書は、平井師が示した極意に達するための唯一の手がかりである体捌きと、その思想についてを、古くからの弟子である著者が記した大量の記録ノートからまとめ、多くの図版とともに公開する武道愛好家垂涎の一冊!!

●成田新十郎 著　● A5 判　● 256 頁　●本体 1,800 円+税

←ご購入方法は巻末に

BOOK Collection

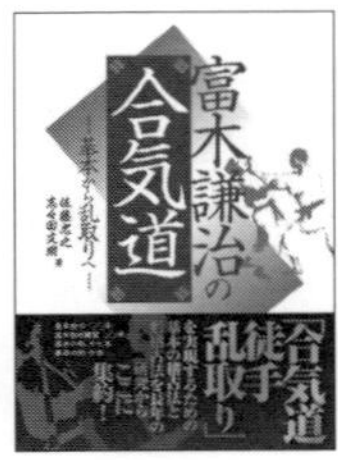

富木謙治の合気道 ～基本から乱取りへ～

初心者から上級者にいたる共通の基礎システムを公開! 「合気道徒手乱取り」を実現するための基本稽古法を筆者の長年の研究からここに集約! 本書は最も基本的な技法と上達システムを統一し、底上げするための入門書であり、また極意書となるべく制作されました。
■目次：基本稽古編／「形」稽古編（基本の形＝17本・裏技の形＝17本）／その他

●佐藤忠之／志々田文明 共著 ●B5判 ●184頁 ●本体1,700円+税

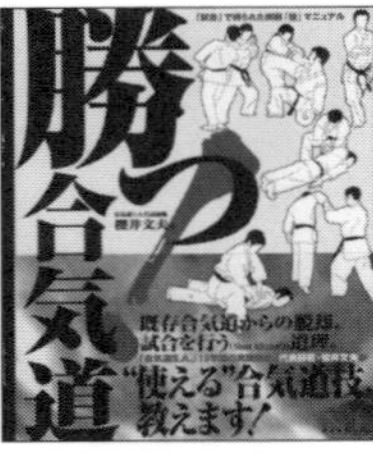

勝つ!合気道

「合気道S.A.」10年間の実験報告。既存の合気道からの脱却、「試合」を行う道理より発見し、得られた実戦「型」マニュアル。 ■目次：構え／基本動作／受身／体捌き／打撃／基本技1（正面突き一ヶ条抑え、前打ち肘締め、胸持ち側面入り身投げ、その他）／基本技2（多数前打ち小手返し、回し打ち呼吸投げ、その他）／コンビネーション／護身／他

●櫻井文夫 著 ●AB判 ●176頁 ●本体1,700円+税

コツでできる！合気道

「同じ動きをしているはずなのに上手く技がかからない……」合気道を学ぶ上でぶつかるこの壁の越え方を、骨格・筋肉などの人体構造から詳しくレクチャー! 初級者から上級者まで誰でも使える武道のコツをここに公開! ■目次：合気道のコツ概論／達人の技 をコツで分析／合気道のコツ実践編／コラム 知っておきたい運動生理学

●吉田始史 著 ●A5判 ●176頁 ●本体1,600円+税

できる！合気術

誰でも体感できる、だから習得できる!

合気をひもとく5つの原理。「①無意識動作法」「②合気接触法」「③目標設定法」「④平衡微調整法」「⑤波動方法」。欧州で研鑽を続け、今までにないアプローチによって確立した、筆者独自の合気習得メソッドの集大成! 初心者から上級者まで合気を身に付けたいすべての武道愛好家にとって、分かり易く、実際の稽古に役立つ、「道しるべ」となります。

●倉部誠 著 ●A5判 ●184頁 ●本体1,600円+税

合気道小説 神技 — kami-waza —

パリにある合気道学校では、合気道創始者・植芝盛平の極意技術《神技》の再現するために、神秘と情熱、そして狂気のやどる稽古が行われていた。そこで稽古することになった二人の少年に待ち受ける修行とは? 武道の極意世界に至るまでの過程が、二人の少年の成長、そして感動とサスペンスのあるストーリー展開で描かれた、武道の極意が学べる新感覚武道小説。

●ガディエル・ショア 著 ●四六判 ●384頁 ●本体1,600円+税

←ご購入方法は巻末に

←ご購入方法は巻末に